Benedetto Cotrugli

世界初ビジネス書

15世紀イタリア商人

ベネデット・コトルリ
15の黄金則

Libro de l'arte de la mercatura

アレッサンドロ・ヴァグナー編
伊藤博明訳

すばる舎

クロアチア、ドゥブロヴニク（旧ラグーサ）
『商売術の書』の著者、コトルリの故郷。アドリア海をはさんでイタリアの対岸にある商都。東方貿易で栄え、イタリアのピサ、アマルフィ、ジェノヴァ、ヴェネチアと並び称された海洋都市で、ラグーサ共和国の首都。"アドリア海の真珠"と呼ばれ、現在は、観光で多くの人が訪れている。

「世界初のビジネス書」とその時代

――一五世紀、ウィズ・ペスト時代の元祖グローバルビジネスパーソンに学ぶ

本書は、東方貿易を背景に、ルネサンス時代に全盛期を迎えたイタリアで活躍した商人、ベネデット・コトルリがビジネス成功の秘訣を記した『商売術の書（Libro de l'arte de la mercatura）』の内容を紹介する本です。

コトルリは、高級織物、羊毛、染料などを取り扱う商人であるとともに、織物の事業家、そして船主でもあり、さらには役人や外交官でもあり、書物を著す人文主義者でもある、非常に多才な人物でした。

五〇〇年も前の商人の教えなんて役に立つのだろうか、と思うかもしれませんが、地中海を挟んでさまざまな国と取引を行うその様子は、現代のグローバルビジネスの

さきがけと言えます。そして当時、世界のビジネスの中心地でもあった、ヴェネツィア、フィレンツェ、ナポリで商人として成功するためには、それ相応の運と能力、そして努力が必要だったに違いありません。

そんな当時のイタリア商人に向けて書かれた『商売術の書』には、仕事の心構えや態度から、商取引の実務、経理や財務の知識、後継者の育成、家庭生活や資産運用まで、現代の私たちが手にするビジネス書の内容を彷彿とさせるテーマが多く取り上げられています。すべてとは言わなくても、少なくともその中のいくつかは、皆さんの仕事の進め方の指針や確認事項として、参考になるのではないでしょうか。

ご興味を持たれた方は、ぜひ次章から本書の内容を読み進めていただきたいのですが、その前に、ごく簡単に本書『商売術の書』が誕生した背景や概要について、ご説明しておきたいと思います。

中世後期——災厄の時代

中世のヨーロッパは、時代とともに生産力が着実に向上し、人口が増加していきましたが、一四世紀に入ると天変地異と気候不順が続き、凶作が起こって飢饉が頻発しました。また、一三三九年、フランスとイギリスとの百年戦争の勃発後、ヨーロッパ各地では政治的に混乱しただけではなく、国王の債務不履行などによって銀行業者が倒産し、経済活動が停滞して「不況」状態に陥ります。

そこに止(とど)めを刺したのが、一三四七年から四九年にヨーロッパを襲ったペスト(黒死病)です。東方からジェノヴァの商船が持ち込んだペスト菌はまたたくまに広まり、ヨーロッパの人口の三分の一が死亡したと見られています。

このような状況は、二一世紀に入って、私たちを次々と襲ってくる災厄のことを思い起こさせざるを得ないでしょう。

ウィズ・ペスト時代の『デカメロン』

フィレンツェにおいてもペストは猛威をふるって、市民の五分の二がその犠牲となりました。その光景を言葉に残しているのが、イタリアの作家ボッカッチョの『デカメロン』という短編小説集です。

この小説集は、ペストの流行を逃れて郊外の別荘に集った一〇人の紳士・淑女が語るという体裁をとっています。あらゆる階層の人物が登場して、奇想天外な物語が展開し、近代小説の祖と言うべき作品です。

しかし、読者に喜びと笑いをもたらす作品の背後には、悲惨なフィレンツェ市街の現状が横たわっています。ペスト菌の存在も、それをノミが媒介するという感染経路も知らなかった当時の人々にとって、とりえる唯一の手段は病人を隔離することでした。兄弟は他の兄弟を捨て、伯父は甥を捨て、妻は夫から離れ、両親は子どもを顧みない、とボッカッチョは嘆いています。

当時、ペストの流行はなかなか収まらず、流行の波を何度も繰り返すことで、人々を恐怖に陥れていました。しかし、そんな中でも、人々は臆することなく国境や海を超え、多様な新旧の文化に触れることで暗黒時代を脱し、ルネサンスが興りました。

この変革は、文芸や美術、建築に留(とど)まらず、さまざまな技術にも及び、さらなる世界の拡大、大航海時代を準備する革新的な時代をもたらしたのです。

「もの書き商人」の登場と活躍

じつは、このボッカッチョもまた、コトルリと同じ商人の息子でした。彼は両替商の子としてフィレンツェに生まれます。彼の父親は自分の息子に金融業を学ばせようとして、商業の一大中心地であったナポリに送り込みました。

しかし彼は商売に精を出すよりも、各地からやってきた知識人たちとの交際に時間を費やして過ごします。それが可能だったのは、彼が持っていた教養のゆえです。当時のイタリア商人には「読み書きソロバン」だけはなく、法律文書を読むためのラテン語や、グローバルに活躍するための外国語の習得が求められていたからです。

商人たちは商売上の個人的な契約や記録を残しただけでなく、複雑な度量衡の換算、商品の輸送手段や費用、各地の商業地の情報、取引に必要な算術、商人の規範などを記した手引、マニュアルを作成しました。

また、商業上の記録に加えて、自分や家族や都市について語った覚書を作成し、その中で商売の仕方を説きました。彼らのことを、元ソルボンヌ大学教授のクリスチャン・ベックは「もの書き商人」と呼んでいます。

ベネデット・コトルリの誕生

ボッカッチョが死んで約四〇年後、イタリア・ルネサンスが花開こうとしている一五世紀初頭に生まれたベネデット・コトルリ（一四一六～六九年）もまた、「もの書き商人」の一人でした。

彼はラグーサというアドリア海に面する商業都市に生まれます。商人として、また外交官としてヴェネツィア、フィレンツェ、ナポリを中心に活躍し、フェルディナンド一世王下のナポリでは、財務総監・造幣局長として活躍しました。

ラグーサは、現在のクロアチア、ドゥブロヴニクのことで、古くはビザンツ領、その後ヴェネツィアやハンガリー、トルコなど、多くの近隣国の支配を受けてきましたが、ほぼ独立に近い状態を維持し、東方貿易で大いに栄えた都市です。

コトルリは、当時のイタリアから見れば片田舎のラグーサ人として、イタリアと地中海世界の動向を冷静に把握しようとする、グローバルな視点を備えていました。また、ボローニャ大学で法学を学んだ教養人であり、商業活動と商人の在り方について、合理的・客観的にとらえる能力を持っていました。こうして、彼の中では、商業的実践と人文主義的考察がごく自然に結びついていたというわけです。

『商売術の書』の執筆

コトルリは一四五八年八月に、ナポリで広まったペストを逃れ、宮廷が移った小村カステル・セルピコで、『商売術の書』を書き上げました。しかし、この画期的なビジネス書は、そののち数奇な運命をたどります。

じつは、この本が最初に刊行されたのは、一世紀以上もあとのことであり、しかも大幅な削除や変更を経ていたのです。そして、その存在は長らく忘れ去られていました。

ところが、近年になって、この本のオリジナルに近い写本が発見されたことから、『商売術の書』は複式簿記について世界で最初に記述した画期的な書物として、会計史の世界で注目を浴びることになったというわけです。

しかし、コトルリの『商売術の書』が持つ革新性は、複式簿記の記述に留まるわけでありません。本書がそれまでの商人の手引書や覚書と決定的に異なるのは、商売と商人のレゾンデートル（存在理由）を示し、その在るべき理想を掲げ、そのための指針を示している点です。

実際、本書では、貨幣や度量衡換算といった記述が極端に減り、その大半が、商人の実務一般や、道徳、教育、家政などにあてられています。この点でも、コトルリの本書は、それまでの「もの書き商人」の文書とは一線を画す著作として、研究者の間で位置づけられているのです。

身近な日常の観点から、理想の商人の在り方を説くことで、「商売（ビジネス）とは何か？」「商人とはいかにあるべきか？」「儲けるとはどういうことか？」を読者に考えさせる本書は、この意味で、現代的なビジネス書の先駆と言えるでしょう。

商売こそ、最も高貴な技芸である

中世のキリスト教社会では、商売と商人の地位は圧倒的に低く、聖職者・封建領主・軍人などとは比べものになりませんでした。

ところが、ルネサンス人コトルリは、本書の冒頭で、商売が人間の生活にとって有益、必要、不可欠であるとし、人類の発展を支える唯一の手段であると宣言します。カトリック教会は、「神に属する時間を盗むもの」として利子を禁じ、両替や為替について懐疑的でしたが、それに対してコトルリは、為替こそが俗世で最も重要なものであり、才知に溢れた発明であると断言するのです。

中世後期に発達した為替・保険・投資などの運用のためには、実際に、慣習や個人の勘に頼らない、幅広い学問的知識と情報処理能力が商人に必要とされました。

それゆえコトルリは、商人を志す者に対して、教養的な自由学芸(リベラルアーツ)と幅広い哲学を学ぶことを、加えて、実際の商売を経験することを強く勧めています。こうして、今から五〇〇年前のイタリアで、人文主義的知と実践知の結合による、「完全なる商人」が生まれたのです。

本訳書について

コトルリの『商売術の書』のテクストは全四巻から成っていますが、利子をめぐる記述（第二巻）など、私たちにとっては理解が困難で、冗長な部分も多く見られます。

そのため、この書のエッセンスを現代の読者に伝えようと、イタリアの経済ジャーナリスト、アレッサンドロ・ヴァグナーが全体を編集して15カ条の法則にまとめ直し、ベネデット・コトルリ『名誉とともに富むこと――善き企業家の礼讃（Arricchirsi con onore: Elogio del buon imprenditore）』と題して、二〇一八年にミラノのリッツォーリ社から刊行しました。

本訳書『世界初のビジネス書――15世紀イタリア商人ベネデット・コトルリ15の黄金則』は、このヴァグナー版を底本として用い、序文と解説、本文の註は訳者が執筆しています。

二〇二一年五月

伊藤 博明

コトルリは、その多才さと学問的知識への情熱に満ちた意欲によってだけではなく、また商業術の道徳的価値についての深い考察によっても真の人文主義者であった。

彼の著作から取り出された一五の「戒律」を、これから読者の方々は読んで評価することができるのだが、それらは彼のイノベーションの歴史的価値を証明することになるだろう。

ブルネロ・クチネリ

イタリアの高級カシミアで著名なブランドの創始者。「人間主義的経営」を掲げ、工房や本社を郊外のソロメオ村に移し、村全体の修復にも取り組んでいる。その独自の経営スタイルは、イタリア国内外で注目を集め、ジェフ・ベゾスやマーク・ベニオフなど数多くのシリコンバレーの経営者も同村を訪れている。二〇一二年ミラノ証券取引所上場。著書に『人間主義的経営』がある

1450年頃のヨーロッパ

14世紀、ジェノヴァの拠点、黒海沿岸のカッファからペストがヨーロッパに流入し、15世紀に入っても何度か流行。政情不安や教会組織の対立も加わり、危機の時代が続いた。1453年、百年戦争が終結したが、東方ではオスマントルコが台頭。コンスタンティノープルが陥落し、ヨーロッパを震撼させた。

スウェーデン
マルメ
グダニスク
ハンブルク
ベルリン
ポズナニ
イングランド
アムステルダム
ロンドン
ケルン
ブリュッセル
フランクフルト
プラハ
ルクセンブルク
神聖ローマ帝国
パリ
ニュルンベルク
ウィーン
ポジョニ
ミュンヘン
ザルツブルク
ナント
チューリッヒ
フランス
ザグレブ
ジュネーブ
リヨン
ミラノ
ヴェネツィア共和国
トリノ
ボルドー
ジェノヴァ
ボローニャ
ラヴェンナ
サン・マリノ
ザーラ
アヴィニヨン
プラート
フィレンツェ
アンコーナ
ボズナ
ベアルン
マルセイユ
ジェノヴァ共和国
教皇領
ペルピニャン
ラグーサ
共和国
アンドラ
コルシカ
(ジェノヴァ領)
ローマ
ナヴァル
ラクイラ
ナポリ
バーリ
アラゴン
バルセロナ
王国
サルデーニャ
(アラゴン領)
カステル・セルピコ
バレンシア
パレルモ
シチリア
(アラゴン領)
カスティーリャ
チュニス
アルジェ
マルタ
ハフス朝
ジャーン朝

目次

Libro de l'arte de la mercatura

『商売術の書』

ベネデット・コトルリ

Benedetto Cotrugli

商人を称える

私は、まさにわが哲学研究の最高潮のときに、研究から引き離され、商人になるように定められた。この商人としての活動は、やむをえず受け入れたもので、私はその結果、学問的な生活の心地よさと甘美さを諦めなければならなかった。[*1]

しかし、私がすぐに気づいたのは、商売[*2]というものが、もし真面目に専念し、正しく実践されるならば、人間の生活にとって、たんに有益というばかりではなく、また必要なものであり、それどころか、不可欠なものであるということである。

商売は、世界を真に動かしているものであり、

1　コトルリは少年時代から聡明であったため、兄弟の中でただ一人、イタリアで最も有名な学問都市ボローニャに送られ、大学で法律を学んでいた。しかし、一四三五年にナポリにいた父が急死したために、学業を途中でやめて、一族の経営を仕切るために祖国に帰らなければならなかった。

2　ヨーロッパ中世において、商人の社会的な地位は、聖職者・封建領主・

それゆえ、さまざまな技芸[*3]の中で最も高貴なものである。

商売は、いかなる時でも、いかなる場所においても、人類の発展にとって必要なものを保証しうる、唯一の普遍的手段である。諸国家の利得、優位性、安全は、大部分が商人の手に依拠している――もちろんここでは、われわれが本書[*4]でモデルとした善良で、熟練し、洗練された商人のことを語っているのではあるが。

商人によって、諸都市と諸国家のさまざまな職業のために多くの労力が費やされ、大地は耕作される。商人は、自らは活動力を持たない諸都市に、食糧と必需品をもたらす。きわめて多様で珍しいものを生みだし、手に入れさせる。

さらに商人は、他の誰にもまして、万能きわまりない人物である。なぜなら、商人は幅広く、多様な種類の人々や社会階級と取引しているからだ。

それゆえ、

軍人らに比べると低かった。カトリック教会は商業的な活動を一般的に軽視し、とりわけ為替取引などの銀行業を敵視した。こうした事態が変化するのはルネサンス期のイタリアからである。

3　ここで技芸と訳したarteというイタリア語は、数学や論理学などの学問から、さまざまな手仕事までも含む、人間の行う活動一般を意味する言葉。のちに「自由学芸」と「熟練的学芸」の区別がなされる。

4　本書『商売術の書』は、商人の理想像を説いた作品であるが、コトルリ自身の豊かな商業上の経験にもとづいているもので、けっして現実からかけ離れたものではない。

完全で完璧な商人は、あらゆるタイプの人物を理解し、彼らと関係を築く能力を与えられている

と言うべきである。

ところで、すぐに私が気づいたのは、商売の世界が無知で放逸(ほういつ)な人々で満ちているということだ。彼らは、節度も秩序も規律もなく行動し、そして法律を乱用し、こうして、最も高貴な技芸を笑い話と卑猥な話へと、節度と誠実さを欠き、人間の義務を知ることのない不実と欺瞞、偽証と不正の世界へとおとしめている。

それゆえに、私はこの活動に役立つ規則を書きおろし、明示し、これに正しい役割を与えようと決心した。

それに加えて、このように自然で、必要で、有益な技芸の実践は、いまだその全体が研究の対象とはなっていないし、同様に、今日までそのすべての特徴について考察した論考は書かれたことはなかった。

私は当初、論考にふさわしいラテン語[*5]を用いようと思っていたが、それを俗語［イタリア語］で書こうと改めたのは、本書が、教養に欠ける者を含めて、

本世紀の商人たちだけではなく、
また後代の商人たちにも

——幸運にも彼らの手に届くことがあればだが——役立つことを願ったからである。

ベネデット・コトルリ
カステル・セルピコ、一四五八年八月二五日[*6]

5　中世においては、学問的な著作はもっぱらラテン語によって書かれていた。一五世紀にフィレンツェの人文主義者レオン・バッティスタ・アルベルティが『絵画論』をイタリア語で執筆してから、次第に俗語による出版物も現れるようになった。

6　カステル・セルピコは、現在のソルボ・セルピコ。イタリア南部、ヴェスヴィオ山の麓にある町。コトルリは一四五六年頃からナポリの造幣局長を務めていた。一四五八年、コトルリは四二歳ぐらいであった。

商売術とは何か

「名誉とともに富む」ということ

商売とは一つの技芸である。すなわち、正義にもとづいて秩序づけられ、商業的な物事に関係する、それを行うのに最も適した人々における**実践的学問**である。なおかつ、人類の存続のためになり、加えてそれから利益も期待できるのだ。

この点に、本書が存在すべき根拠が見いだされるのであり、このような実践的な学問である商売術の特徴を示すために役立ついくつかの点について、まずここで少し明らかにしようと思う。

商売を行うことに適さない人々には二種類ある。第一の種類は、このような技芸を行うならば、必ず非難を巻き起こし、また実行の禁止を犯さざるを得ない者である。すなわち、王、君主、領主、騎士、貴族、そして、商業的行為の実践が禁じられている、他のすべての貴顕たちである。

これは市民法の見解に拠るものであり、『商業法典』の「高貴な者たちの法[*7]」には次のように述べられている。「われわれは、生まれの高貴な者、自らの名誉の輝きで出自がわかる者、そして財産の豊かな者には、危険きわまる商売を行うことを禁じる。というのは、彼らより、一般の人々と商売人のほうが、より容易に売買を行うことができるからである」。

さらには、聖なる組織に属している人々である。使徒パウロ[*8]は『新約聖書』の「テモテへの手紙 二」において、次のように断言している。「神のために戦っている者は誰も、世俗の事柄に関わりあってはならない」。また、聖ヒエロニムス[*9]の書簡には、次のように書かれている。「ペストから逃れるように、貧乏から金持ちになり、卑しい者から栄える者になった、商売人の聖職者を避けよ」。

7　東ローマ帝国皇帝ユスティニアヌス一世が、五三四年に完成させた『ローマ法大全』の一部を成す法典。

8　六四年頃没。小アジアのタルスス生まれのユダヤ人。最初はキリスト教徒を迫害していたが改心し、主としてエーゲ海沿岸の各地で伝道した。ネロ皇帝下のローマにて殉教。

9　三四五年頃～四二〇年。ラテン教父。砂漠での修道生活ののち、ベツレヘムにおいて、旧約聖書（ヘブライ語）と新約聖書（ギリシャ語）をラテン語に翻訳した。この聖書は「ウルガタ」と呼ばれ、近世までカトリック教会で広く用いられた。

これらの人々は、第一の種類に属しており、その品格に関わるかぎりで、商売には適さない。

第二の種類は、無能な人々、すなわち、この技芸を行う能力と人格について、あるいは、自らが売買しようとする商品について欠陥のある者たちである。

まだふさわしい年齢に達していない若者、あらゆる年齢の女性、農民、保護下にある少年、奴隷、狂人、浪費家、その他の、この技芸の内容に無知で、それを行う能力のない人々のことである。

また、別の者たちは、彼らが売買する品物の欠陥のゆえにその技芸を行うことができない。すなわち、泥棒、路上のかっぱらい、偽造者、錬金術者、このたぐいの者たちのことである。

冒頭で述べた**「正義にもとづいて」**というのは、正しい価格によって売買するということを意味している。さもなければ、法律と公共の制度にもとづいて、契約は無効とされるだろう。

「商業的な物事に」というのは、売買の契約の対象とはなりえない物事を排することを意味している。すなわち、聖なるもの、抵当に入っているもの、預けられたもの、盗まれたもの、あるいは、あらゆる時代に万人によって、常に禁じられるもののことである。

商売の特徴として、**「人類の存続のために」**役立つことを付け加えたのは、理由のないことではない。実際、人類の最初から、あるいは繁栄が始まってすぐのちに、この技芸は、ある者にとっては欠乏するもの、ある者にとっては過剰なものに対する必要から用いられていた。

この必要から、貨幣の使用以前は、物々交換や交易が生じたのである。そして、自然の摂理は最初から、人類の必要のために、また人類の存続のためにこの技芸を行うように促していた。そして商人たちは、自らの利益を期待しながらこの技芸を始めたのである。

そして、同じことは衣服においても生じた。衣服は、最初のうちは、素朴で粗野なものとして創りだされた。なぜなら、その機能は、身体を覆って、暑さと極度の寒さから、また同様に、雨、雪、氷、その他の人間本性を損なうものから守ることだけだったからである。

原初の必要に応えたこの発明ののちに、人々は、最初は素朴で粗野で、装飾のなかった衣服を飾りはじめ、美しくしはじめた。そして、今日に至るまで、衣服を数多くの、見る者が唖然とするまでの装飾によって飾りたててきた。それと同じことが商売においても生じたのである。

すでに述べたように、商売は自然の摂理から出発し、人間の必要を満たすように秩序づけられていた。そののち、時代の経過とともに、それが商人にとってきわめて有益であることが明らかになった。というのは、**商人は、このような有益さのおかげで、驚嘆に値するような数多くの発明**[*10]**を実現した**からである。

最後に、必要に突き動かされて売る者、あるいは自分の家族の使用のためや、転売とは異なる動機のために買う者は——売買は商売の二つの基本的活動であるが——、商人と見なすことはできない。

このように振る舞う者たちを商人と特徴づけることはできない。なぜなら、彼らは、商売を行おうとする誰にとっても有益な、この技芸の目的に合致していないからである。

このことはアリストテレス[*11]が『経済学』で主張しており、彼によれば、商売の目的とは**「利益を得て、富む」**ことなのだ。

10　このあと本書で触れられているように、商取引において用いられるようになった、為替、保険、先物取引、帳簿などの仕組みや方法のこと。

11　前三八四年〜前三二二年。プラトンと並ぶ古代ギリシャ最大の哲学者。研究範囲は形而上学・論理学・倫理学から政治学・自然学・詩学まで及び、「万学の祖」と呼ばれる。『経済学』は現在では偽書と見なされている。

「名誉と
ともに富む」

15の黄金則

1

〈心構え〉

正しい足で
出発するために、
可能なことは
すべて行え。

セネカ[12]はこう述べている。

「人間をつくるのは場所ではない」。彼はおそらく正しかった。

しかし、あらゆるタイプの多くの活動は、場所の適合性に依存している。すなわち、**取引や商売を始めようと望む者は、適切な場所を選び、不適切な場所を避けなければならない。**

このことは、新しく商売に就いた者にほとんど理解されておらず、あまつさえ彼らは、少ない出費で済ますことができ、他の商売仲間がいないという理由で場所を選ぶ。しかし反対に、自分の活動の本拠としては、商人と紳士が足しげく通い、住んでいる場所を選ぶべきである。

軍人は、武具が使用される場所に通って、武具の使用に熟達していることを誇示する。同じように、商人は他の商人たちが出入りする場所に住むならば、日増しに、経験を積んで熟練するようになり、ついにはより富むことになるだろう。さらに、平安

12 前四年頃～後六五年。古代ローマの劇作家・哲学者・政治家。ストア派の哲学に傾倒した。幼いネロの教育を任され、ネロの皇帝即位後も補佐したが、最後には死を命じられた。

のうちに、恐怖を感じずに暮らすことができる場所を選べれば好都合だろう。なぜなら、戦争が起こる疑いがあるだけで、商売は悪影響を受けるからだ。

そして、空気が健康に適している場所がよい。なぜなら、空気は人間の生活にとって最も必要な要素の一つであり、それが健康に良いものであれば、たいへん有益であるが、反対に汚れたものであれば、有害なものとなるからだ。これはしばしば病気を引き起こし、結果的に、金銭を失いかねないのである。

しかしとりわけ、商業活動は、法律が確固としており、行政機関が迅速で実効力がある場所で始めるべきだろう。なぜなら、商人にとって、自分と財産の敵である役人たちと論議するのは、少なからず難しいことであり、そして商業的な事柄には迅速な行動が求められるからである。

最後に、場所の特質を考えねばならない。供給と蓄財が過剰である場所に住むことは避けるべきだ。このような場所は、通常は、多くの取引に着手するようにわれわれを強く促すが、それらは危険きわまりなく、しばしば破滅へと導く。

むしろ、そこに住み、商売に従事している者が多くの利益を得ているような場所に住めるように努めなさい。このことから、次のような格言が生まれたのだ。「大きな湖では大きな魚をつかみうる」。こうして、理想的なのは、大きな事業に専心することができ、その結果、名誉と富を獲得できる場所に住むことである。

商業活動を始めるにあたって、また不可欠なのは、**自分の得意なものが何かを見極め、経験で体得する**ことだ。というのは、ある者は金属品に、ある者は食料品に、またある者は、羊毛、綿、胡椒などのような物品、あるいは、手織りの布地や織物、また家畜の皮のような特別な品々に適しているからである。

そしてまた、地理的な場所もすべての人々にとって同様というわけではない。ある者は東方(レヴァント)で、ある者は西方で、ある者は北方で商売をするのが成功する。また、ある者は同僚を遣(つか)わすのが、ある者は自分一人で旅するのが適切である。

加えて、商取引を探すにあたっては、用意周到でなければならず、**常に新しい取引を検討して、試みる**必要がある。なぜなら、有能な才知の証明は、新しい事柄を見いだすことにあるからだ。

ボエティウスが[*13]『哲学の慰め』において、次のように述べている通りなのだ。「すでに見いだされたものにあくまでこだわり、さらに見いだされるべきものに見向きもしないのは、まさに最も悲惨な者たちの知性の特徴である」。

また、アリストテレスは次のように述べている。「すでに見いだされたものに留まっているのは簡単だ」。そして、新たなものへの探求は、場所、個性、そして、あなたが巧みに成しうるであろう、経済的活動に留意して行わなければならない。

最後に、有能な商人が心得ているべきは、適切な瞬間に——すなわち多くの者が参加することによって利得が減少するときには、自らの活動を変え、手直しすることが必要ということだ。巧妙に、その状態から脱出するすべを知るべきである。

13 四八〇年頃〜五二四年頃。古代ローマ末期の哲学者。東ゴート王テオドリックの下で執政官や宰相などの要職に就いたが、ビザンティン帝国と通じて謀反を企てたとして投獄、処刑された。『哲学の慰め』は獄中で書かれた作品で、中世を通じて読まれた。

2

〈知力と行動力〉

自分自身だけを
信頼せよ。

常に大胆かつ賢明であるように努めよ。
先を見通すことを学べ。
そして運命に忠実であれ。

自分自身への信頼とは、まさに**大胆さ**のことであり、**実行力**のことである。そして、この条件は商人の特性と合致している。なぜなら、臆病な商人が裕福になるはずはないからである。

しかし、正しい限度を超えるほどに無謀で、大胆であってもならない。なぜなら、もし大胆過ぎて抑制がきかなければ、とくに商人の能力を超えている場合には、この者は危険に陥るからだ。

節度をもって挑戦し、勇敢にこの技芸を行い、神と運命を信用して身を委ねるべきである。ウェルギリウス[14]がこう詠っているように。

「運命は大胆な者を助け、臆病なものを退ける」。

しかし、商人に最もふさわしく、必要な美徳は「思慮深さ」である。これは、あらゆる世代、身分、境遇の人間にとって共通の、正しい美徳ではあるが、商人にとっては最も必要とされるものである。

14 前七〇〜前一九年。古代ローマ最大の詩人。代表作の『アエネイス』は、主人公のアエネアスがトロイ滅亡後に各地を放浪し、ローマの元祖となる国を打ち建てるまでを描く一大叙事詩。『牧歌』『農耕詩』とともに中世・ルネサンスを通じて読み継がれ、広く受容された。

なぜなら、他の事柄、学問・技芸は制度的に存在しており、確実な規範と特有の規則によって規制されているが、商売だけは、ほとんどの場合、自由気ままに自分自身を管理することになるからだ。それゆえ、商売にはとりわけ、この特性が必要である。

こうした思慮深さは、「誠実」の根本的な要素であり、善悪を見分ける力を具えている。それは、過去を想い起こし、現在を評価し、未来に対処することに現れる。ボエティウスが[15]『哲学の慰め』において、こう述べている通りだ。

「眼前に置かれているものを眺めるだけでは十分ではなく、物事の成果を測らなければならない」。

またキケロ[16]はこう述べている。「善と悪において起こりうることを、また、何かが起こったときになすべき事柄を予め明確にすることを、そして、『そんなことは思いもしなかった』と言わないように準備しておくことが、知恵の美点である」。

15 註13を参照。

16 前一〇六〜四三年。古代ローマの哲学者、政治家、雄弁家。『国家論』『弁論家論』『義務論』『友情論』など数多くの著作を残した。彼の文章はラテン語散文として模範的なものと見なされ、ルネサンスの著作家にも多大な影響を与えた。

実際、商人の誤謬は、往々にして損害を生み、取り返しのつかないものとなる。それゆえ、商売を行う者はしっかりと考え抜き、すべてを行うことがなければならない。

誤解のないように理解し、すべての考察において慎重で、ときおり考え方を柔軟にし、起こってしまった不利な事柄に対しては賢明に決定を下し、すぐに対策をとらなければならない。そして、慎重さから、配慮、用心深さ、警戒などが生まれる。

このため、**商人には先見の明がなければならない。**将来の計画について結果を出したいのであれば、それに向かって、設定した目的が達成されるような現在の問題を整理しなければならない。

さらに、善と悪を、白と黒を、有益なことと損害を与えるものを、真と偽を、追従と真実を区別しなければならない。ギリシャ軍がトロイ軍を、ミネルヴァ神への贈り物と見せかけて、木馬で騙(だま)したように[*17]、見せかけの善さと有益さに騙されてはならないのだ。

17 長年続いたトロイ戦争の最中、ギリシャ軍は巨大な木馬に兵士たちを潜ませてトロイ城内に入りこませ、夜間に火を放ってトロイを滅亡させた。ホメロスの叙事詩『イリアス』が伝える。コンピュータ・ウィルスの一種で潜伏型のプログラム「トロイの木馬」はこれに因んでそう呼ばれている。

また**商人は巧妙でなければならない。**しかし、この「巧妙さ」、すなわち狡猾さは、他人を傷つけるためのものではなく、他人によって傷つけられないようにするために、そして、どこに欺瞞と虚偽が隠れているのかを吟味し、理解するために用いなければならない。

ある人が純真であるならば、あるいは理不尽ならば、商売を行うのを避けるべきだ。というのは、昨今、この技芸には数多くの策謀、詐欺、欺瞞が見られるからである。

別の言葉で言えば、商人の営みは合理的で、真剣さと良識を具え、軽率さがないものでなければならず、そのうえで、**運命の手に委ねるべきである。**

運命は、ほとんどいつも、用心深く、理性の導きによって自分を律することができる者には好意的であり、反対に、分別と規則を欠いて行動するものを見捨てる。それゆえ、次のような格言が生まれたのである。

「運命は常軌を逸した者の家を訪れず、訪れたとしても、そこに留まることはほとんどない」。

それゆえ、良識のある商人は、おのずから、知性を用いてしっかりと探求することになるのであり、それについては、ラクタンティウス[*18]の、次の名高い言葉が想い起こされる。

「各々は自分自身を信頼し、そして真理の探究と評価に際しては、自分の判断と自分の叡智を信頼しなければならない。あたかも理性を欠いた者のように、他人の誤りに真を置いて、欺かれないようにしなければならないのだ。神はすべての人間に、各々の能力にしたがって、良識を与えた。それゆえ、人間は隠されている事柄を探求し、他人から聞いたことを吟味することができるのである」。

われわれは自然からの贈り物として、合理的に探求する能力を持っている。それに

18 二四〇年頃～三二〇年頃。初期キリスト教の著述家で、彼の著作中には、現在は失われた古代の作品からの貴重な引用が見られる。ルネサンス期のイタリアでは、キケロ、アウグスティヌスとともに、最も早く著作が刊行された。

もかかわらず、自己から良識と合理的な探求を遠ざけ、他人の意見をまったく検討することも、判断することもなく受け入れる者たちは、他人によって、あたかも羊のように導かれることになるのだ。

さらにこの問題を明確にしようとして、多くの人々が述べている、**「商売は助言を欲しない」**という言葉に耳を貸すべきである。

この格言を私は、たいていは、まったく真実なものと考えてきた。というのは、市民的であれ、政治的であれ、経済的であれ、あらゆる事柄において他人の意見は役立つが、商売においては、遠ざけるべきものだからだ。

私はここで、物事を合理的に探求すること、すなわち分析し、総合することによって、自分が下すべき決定のことを念頭に置いている。

もしあなたが誰かに助言を請おうとするならば、最も適切な人物は、あなたのような活動を行う者である。その場合、あなたが彼にすべてを語ってしまうならば、彼のために自分が窮地に陥るという可能性を考えなければならない。だが、もし彼に一部だけしか語ることがなければ、彼はあなたに適切な助言することができないだろう。

とはいえ、反対に、あなたとは別の活動に携わり、あなたの技芸、すなわち商売の基本、あなたの計画、あなたの構想、あなたの能力を理解していない者に頼るならば、この者は、基本的であると思われるものについても、あなたに何かの疑いを抱かせて、あなたを動揺させるだろう。彼は、あなたの計画する能力を妨げて、結局、あなたの計画を破壊し、それで終わってしまうだろう。

たしかに商人は、そしてとりわけ、大きな事業をもくろむ商人は、それに適した**精神的能力**を自らに授けるために、十分な実践を重ねなければならない。その結果、たんに検討して計画するだけではなく、将来の結果を予測することにも成功するだろうが、このことは経験によって初めて得られるのである。

◇◇◇

実際、軍隊の有能な隊長は、戦闘の場所を目で見て、いかに軍隊を展開すべきか、どこで敗走させるべきか、どこを攻撃して成功しうるのかを語ることができる。

それと同じように、優れた商人は、ある仕事を任されたならば、そのありそうな**結果、**起こりうる**障害**と**損害、**そして**類似した事柄**を語ることができるのである。

企業家は先を見通す力を持たなければならず、また、常に活動の準備が整っていなければならない。そして、いささかの困難も感じずに、これを実行する能力は、常に良識があり、見事に整えられた精神がもたらすのである。

加えて、優美さを具えるのもきわめて有益である。ある商人たちは生来の優美さを持ち、彼らの手から生みだされるものは優雅であるように常に見える。一方、優美さを具えていない者は、無理をしてもそれを自分のものにしなければならない。

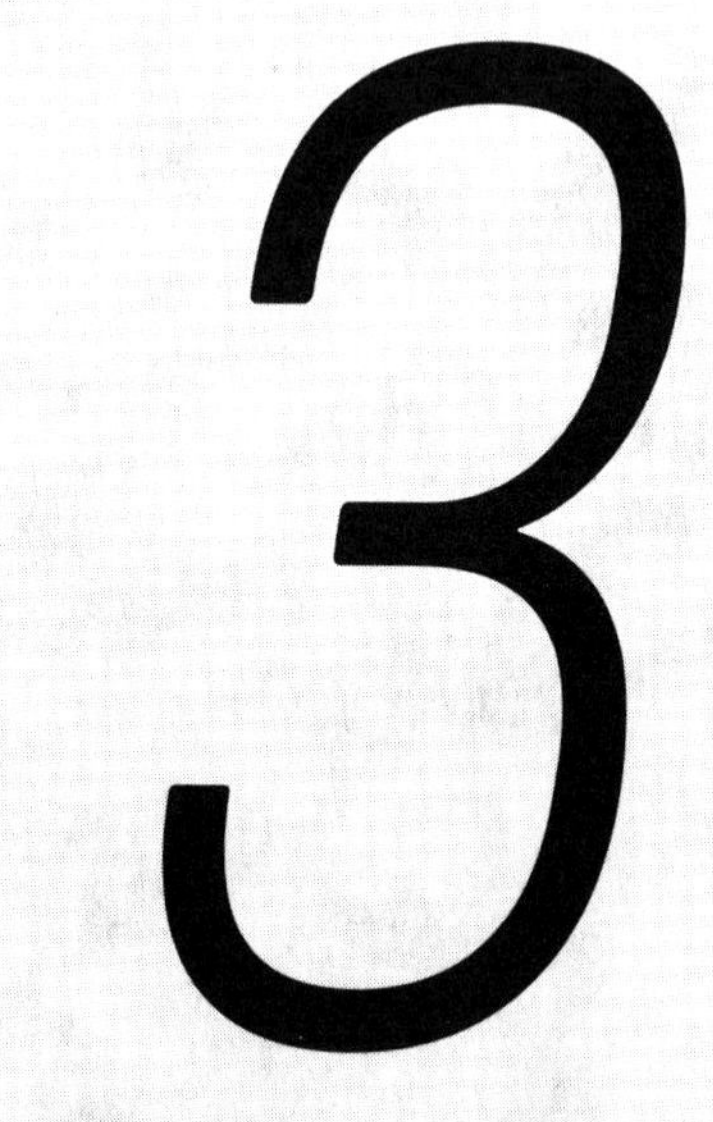

〈体力と忍耐〉

常に
困難と苦悩に
耐える
準備をせよ。

商売という技芸を実践しようとする者にとっては、魂と精神の善良な資質が主たる基盤である。この善良な気質によって、商人は予め（あらかじ）定めた目的の大部分を達成し、また大きな成果を得ることができる。

しかしまた、**商人には身体的な能力も要求され、それは絶対に必要なもの**である。

読者の方々は、身体の気質について論じる箇所が無益で余計なものと思われるかもしれない。しかし、もし商売の実際の負担がいかに重いものであるかを理解するならば、もはや驚くことはないだろう。この箇所が無益で余計なものどころか、有益で必要なものであることがわかるはずだ。

ところで、利益をあげるためには、すなわち、この技芸の目的を実現するためには、他の事柄への関心はすべて控えて、何らかの仕方で、この職業にとって有益であり、役立つことができるものすべてに、きわめて熱心に身を捧げる必要がある。

それゆえ、ときには、**日夜の労苦に耐え、足と馬で旅し、海と陸地を行き、売買を行い、**このような事柄をできるだけ熱心に行うよう尽力すべきだ。

先に述べたように、他の事柄への配慮はすべて脇に置き、たんに表面的な事柄だけではなく、人間の生命の存続にとって必要な事柄にも留意しなければならない。

ときには、食べること、飲むこと、眠ることを削る必要が生じる。それどころか、飢え、渇き、徹夜、そして、嫌気を催すような、身体の通常の状態に反する、同様な他の事柄にも耐えなければならない。

もし身体が、このような苦境に対抗する道具としてつくられていなければ、それに耐えることはできず、苦しみながら、窮乏するだろう。そして、それには必然的に病気が、そして次に死が続くことになろう。

こうして、われわれは次の二つの不都合のいずれかに直面することになる。

すなわち、商人は、この技芸に適した実践をしなければ、技芸自体が求める利益をあげることができず、予め定めた目的を達することができない。つまり、名誉を伴いつつ富を得ることができない。

あるいは、たとえ富を得たとしても、身体の無力さのゆえに、自らの活動の成果を保持することができない。そして、具合の悪い身体によって維持しようとしても、ついには病気に罹り、死ぬことになるだろう。

これらの両方の不都合は、どちらも避けるべきものであるので、われわれ商人は、身体を健康な状態に保つことが最高に有益で必要であると断言するのだ。身体をこのような活動に適したものとして、すなわち、ふさわしい道具のように用いてこそ、自分の目的を遂行することができる。

それは、まさに鍛冶屋にとっての、釘を打ちつけるハンマーと同じ働きをする。芸術家が自らの作品に調和をもたらすごとく、商人の精神と魂は自らの身体を導かなければならない。

ここで強調しておきたいが、われわれの身体は疲労に耐えることに慣れなければならない。とはいえ、アリストテレスが『ニコマコス倫理学』第二巻[*19]でわれわれに教えているように、あらゆる過剰は悪徳でもある。

たしかに、頑丈な身体を持ち、疲労に耐え、そして、この技芸が求める限度を超える力を持つ商人たちが多く存在している。

しかし、商人は疲労に耐えるのに適した者でなければならないが、**ただの荷物運搬人であってはならない。**というのは、通常、頑丈で力強い者たちは、本性的に理性を働かすことができないからである。

19　アリストテレスについては註11を参照。『ニコマコス倫理学』は名高い倫理学書で、中世・ルネサンスの大学において教科書として用いられた。邦訳は、「アリストテレス全集」第一五巻（神崎繁訳、岩波書店）など。

それゆえ、商人は苦悩に耐えることができなければならないが、また同時に、自分の知性の高貴さを反映させる、機敏で繊細な身体を持っていなければならない。

私がここで述べている身体とは、活動への準備を欠いている弱い身体ではないし、また、通常、優れた知性を欠いている者に特有な、ただ頑丈で力強い、荷物運搬者が持つような身体でもない。

その3〈体力と忍耐〉

常に困難と苦悩に耐える準備をせよ。

〈事業の範囲〉

あなたの技芸に
専心せよ。

すべてを為そうと欲すべからず。
他の者たちにも儲けさせせよ。

セネカ*[20]はこう述べている。

「多くのものを味見しようとするのは、まさに胃の悪徳である」。

私はあえて言うが、

あなたの知性とあなたの取引をただ一つの活動に集中させなさい。

あらゆるものにおいて利益を得ようと欲してはならず、他の者たちにも利益をあげさせなさい。われわれの先人たちが述べているように、「すべてを欲する者は、慚愧のあまり死ぬ」。そして、「すべてを欲する者は、すべてを失う」。

各々の商人を喜ばせ、利益をあげさせなさい。あなたは自分の取引の背後にいて、不断にそれを実行しなさい。「一滴は、二度ではなく、頻繁に落ちることによって岩を穿つ」。飛んでいるすべての鳥を捕ろうと欲してはならない。なぜなら、多くの者

20 註12を参照。

たちが、大事業を企てようとして失敗したが、小事業を行って失敗した者はいないからだ。

カタルーニャ[*21]からヴェネツィアに羊毛を運んでいた、ある商人の例を挙げよう。羊毛は、彼が得意とする活動分野で、それについては十分に知っており、そこから大きな利益、知識、信用を得ている。

この商人がヴェネツィアに着くと、ある取引先が、羊毛を羊毛職人に、小売りで、しかも代金の支払いを大幅に先延ばしにして売っていた。この商人には、この売り方が、卸売りよりもはるかに儲かるように思えた。

そこで彼は、衣服の生産で儲けている羊毛職人に、自分も同様の方法で売ろうと決めた。そして、彼らがお金を稼いでいるのを見て、自分も衣服をつくりはじめた。

そののち、この商人はまた不満を持ち、つくられた衣服が運ばれる場所を知ろうと

21　スペイン北東部。ピレネー山脈東部の南斜面、地中海沿いの海岸山脈、およびその背後の低地からなる。中心地はバルセロナ。

した。そして、東方(レヴァント)で大きな利益があげられるのを耳にして、自分もそこに輸出しようと決心した。このように、彼は少しずつ、しかし止(とど)まることなく、大きな取引と多様な利益を求めて進んでいった。

私は皆さんに申し上げたい。この商人のような者たちは常軌を逸しており、彼らの知性は空中を飛んでいる。

彼らは貪欲さによってわが身を包まれている。彼らの魂の限りのない、飽くことを知らない欲望のために、結局、自分自身が倦怠感を抱くようになる。このような者たちは野獣にも等しい存在となるが、私は実際、こうした者を多く知っている。

一般的に、焦って富を得ようとする者たちはすべて、きわめて危険である。

◇◇

もしあなたが富裕になりたいならば、

長く生き続けて、一度に少しだけ儲けなさい。

さもなければ、私が本書で伝えるすべての言葉は無駄になるだろう。

〈品 質〉

常に
質を追求せよ。

名前とブランドがすべてである。
欠陥品や模造品を売るなかれ。

商人は自らの技芸において評判を保持しなければならない。

「この人の織物は目を閉じていてもわかる」とか、ヴェネツィア人が用いているように、「ヴェンドラミーニの石鹸、ボン親方の砂糖」などと噂されなければならない。

そして、これら二つの例は、いかなる階層の者も知っているように、見事な富に満ちている。企業家の活動に着手する者は誰でも、すべての注意を傾けて、このことに配慮すべきである。

宝石商はたんに善良で、誠実で、忠実なだけではなく、またそのことを自らの行動で示さなければならない。なぜなら、富裕者たちとの間に頑迷な慣習があるからであり、また、悪しき宝石商の罪悪によって、宝石の商売にはさまざまな偽造が出回っているからである。

宝石商は、人々に疑念を呼び起こさないために、**絶対に模造品を売買し**

てはならない。

織物商と小間物商は、正確には企業家とは呼ぶことができないかもしれないが、しかしながら、企業家と比べて少し地位が低いだけである。なぜなら、彼らは手仕事によって生産されるものにだけ関わっているからである。

彼らは基本的な心得として、店先で質の高い商品を扱い、店先に顧客が殺到するように評判を保ち、さらに、顧客各々の事情に応じてその要求を満足させなければならない。彼らは誠実に、冷静に、平静に、迅速に適正な価格を言わなければならない。

そしてとりわけ、ある布地を別の布地として売るなどして、**商品を偽らないように心がけなければならない。**なぜなら、それは忌まわしい罪だからだ。神はほとんどいつも、この地上においてさえ、このような者を罰するのである。

次に、毛織物商や他の手仕事の商人はとりわけ敏捷で、きわめて勤勉でなければならない。そして、彼らの雇っている使用人もまた、同様に手を動かしていなければならない。

もし怠惰な商人があったならば、彼は「挫折した者」と呼ばれるだろう。なぜなら、これら商業的な技芸は、それを正しく、かつ熱心に行う者にとって尊い事柄なのであり、またそれによって貧しくなることはほとんどないからである。

それゆえ、毛織物商は使用人たちに頼るだけではなく、少しずつ、自分で布地の生産を行い、**羊毛の商品化の全工程を管理するようにならなければならない。**

彼は自分の手で羊毛に触り、繊維を選び、ほぐし、洗い、打ち、梳かし、紡いで、布を織って、収縮と洗浄を施し、染め、伸ばし、装飾し、展示するのだ。なぜなら、ご存じのように、これら作業のすべての結果として、布地は上質のものとなったり、また反対に悪質のものになったりするからである。

さらに、彼らは迅速に売り、商品を流通させ、上首尾のうちに終わらせ、遅延してはならない。

最後に、手職人は債権者に対しては巧みに、また決然として対処し、自らの生産物が将来に然るべき成功を収めることを説得しなければならない。

◇◇◇

6

〈会 計〉

常に正確で
整理された
帳簿を所有せよ。

ペンはきわめて高貴で、きわめて有能な手段であり、自由学芸[*22]であれ実践的技芸[*23]であれ、あらゆるものに必須である。

ペンが手に重い商人、すなわち、書くことが苦手な商人は、真の商人ではない

と言うべきだ。

そして、商人には、書くことの巧妙さを具えていることに加えて、文書を保持する際の秩序を認識することが必要である。そのことについて、われわれは次に語ることにしたい。

実際、商人は自らの仕事のすべてを記憶に留めておくことはできない。少なくとも、自らの大きな軍隊を構成している兵士たち一人ひとりの名前を知っていた大キュロス[*24]や、ローマに二度目に入ったときに、元老院議員たちの各々に名前を呼んで挨拶した

22 中世において市民が身につけておくべき教養科目。文法・論理学・修辞学の文系科目と算術・幾何・天文・音楽の理系科目の七つから成る。「自由」という言葉は、古代ローマにおいて市民が奴隷と区別されて「自由人」と呼ばれたことに由来する。

23 熟練的技芸とも呼ばれる。自由学芸がいわば頭の活動であるのに対して、実践的技芸は手の活動である。

24 キュロス二世。古代ペルシャのアケメネス朝第七代目の王（在位前五五九年～五二九年）。小国の王であったがメディア王を倒して巨大な帝国を築き、自ら「大王」と名乗った。

ピュロス[25]の大使キネアスでなければ、そのようなことはできない。

これらのことは通常は不可能なので、われわれは、商売上の**記帳**という実践へ向かわなければならない。この文書は、たんに取り扱われ、実行された事柄を記憶に留めて保つだけではなく、また多くの争論を回避することもできる。人類は、古代の人々が、最初にペンの使用法を発明した者と伝えている、ヴァンデルの母カルメンタ[26]に、なんと多くを負っていることだろうか。

さて、議論を目的へと戻して、われわれの意図が到達すべきところ、すなわち、帳簿の記帳を秩序立てて行うという実践について述べたい。

帳簿の記帳とは、実行された事柄のすべてを、誰によって行われたのか、誰に対して行われたのか、商品の経費、利益、損失、そして、商人の活動のすべてが依存しているあらゆる事柄を記録することである。記帳を正確に、秩序立てて行う方法を知ることは、**契約することと、商売することと、利得をあげることを**教えてくれる。

25 前三一九～二七二年。古代ギリシャ北西部の都市エペイロスの王。マケドニア、ローマ、カルタゴなどと、生涯、戦いに明け暮れたが、スパルタ攻略に失敗したのち戦死した。

26 古代ローマの出産と予言の女神。伝説によれば、ギリシャ語の一五文字を利用してラテン文字を発明したとされる。それをラティウム地方（のちのローマ）に持ち込んだのが、息子のヴァンデルである。

さらに、あなたは会計に関するすべてを整理しなければならない。受け取った書簡についてはすべて、受け取った場所、年月日を記しておく。これらの書簡を一つの場所に保管し、すべてに対して返信し、それらの上に「返信済」と記す。そして、毎月、それらを別々の束に分類して、しっかりと保管しなければならない。

このようにして、あなたが払った両替の書簡もすべて、ファイルの中に収められて利用できなくてはならない。自筆の私的債権や公的な条項に関わる重要な書簡も、必要性の高いものとして保管しなければならない。

あなたは常に記帳について頭に入れておく必要がある。なぜなら、それは、あなたの活動による財産の変動を記録し、測定するものだからだ。

〈複式記帳の第一歩〉

企業家は、その活動がいかなるものであれ、どのような側面に関わるものであれ、少なくとも三つの帳面を、すなわち、**日記帳、仕訳帳、元帳**を所有していなければならない。[27]

順序を追って進めるために、われわれは**元帳**から始めることにしよう。元帳は、望んだところを即座に見いだすことができるように、アルファベット順に並べる。

元帳では、次のように記さなければならない。最初に、それに目印をつけて、その名称で呼ぶ。第一巻は、普通は「A」と呼ばれる。次に、「A」が一杯になると、「B」と呼ばれる別の巻に移り、このようにして、全アルファベットに従って続いていく。そして、元帳を印づけたのと同じ文字が、それに対応する仕訳帳と日記帳にも印づけられなければならない。

これが終わると、元帳の最初のページの上に名前を書き入れ、そして、この帳簿が誰に属しているのか、共同経営者は誰なのか、この帳簿は何を含んでいるのか、何枚から成っているのか、等々を明らかにする。

27 コトルリの時代の帳簿は現在とは異なり、実際の取引を文章で記録していた。また、現在の複式簿記における用語である「借方」と「貸方」も存在していなかった。本邦訳においては、読者の理解を容易にするために、できるだけ現代の会計用語に対応させて訳出している。

このようにして、あなたの資本金の総額がどれほどなのか、それは何によって成り立っているのかを調べて、そのことを次のように記帳する。そして、あなたが所有する商品を**「借方」欄**と、資本金を**「貸方」欄**に置きなさい。*28

たとえば、もしあなたが、あなたにとって一〇〇〇ドゥカートの価値がある一〇〇枚の生地を所有しているならば、次のように書き記す。

「私の資本金は、その月のある日に、私が所有している百枚の生地に対して、一〇〇〇ドゥカートを受け取らなければならず、生地はこれと同じ額を返済しなければならない」

と元帳のあるページに記帳される。そして、同じ記帳が元帳の別の場所に写されて、なされなければならない。すなわち、

「生地はその月のある日に、私が所有している一〇〇枚のために一〇〇〇ドゥ

28　たとえば、私AがBに一〇〇ドゥカート貸した場合、今日の簿記では、そのことを仕訳帳に「[借方] 貸付金一〇〇ドゥカート」「[貸方] 現金一〇〇ドゥカート」と記帳する。コトルリの時代は、貸付記録を帳簿の前半に、「私は一〇月一日、Bに一〇〇ドゥカートを貸与した。Bは公現祭の日に返済すべし。金利は一〇ドゥカートとして、もし返済が遅滞した場合には、さらに五ドゥカートの利息を支払うべし」というように記録していた。貸したお金をBが「返済すべし」(da dare)、Aが「受け取るべし」(da avere) という表現が、今日の「借方」(debit)、「貸方」(credit) という言葉の起源である。

カートを返済しなければならず、私の資本金はこれと同じ額を受け取らなければならない」

このように、元帳に記される事項は、すべて二度記されねばならない。一方は、返済すべきものを借方として、他方は、受け取るべきものを貸方として記されねばならない。

次のことを述べてみよう。「私は、これらの生地の一枚を一〇ドゥカートで売り、売上金は金庫に現金で所有している」[*29]。さて、この記帳はいかになすべきであろうか。

われわれはまず、資本金についての記載として、次のように述べるだろう。

「現金の欄は一枚の生地に対して一〇ドゥカートを支払わなければならず、その一枚を、ある日にある者に売ったので、商品の欄は一〇ドゥカートを受け取らなければならないと記帳される」

29 現代の簿記のルールで仕訳すると、左のようになる。なお、利益も考慮して、七ドゥカートで仕入れ、三ドゥカートを利益とすると、次ページのようになる。

日付	摘 要	借 方	貸 方
	（現 金）	10	
	（商 品）		10
	生地1枚を @10ドゥカートで販売		

そして、生地についての記載として、次のように述べるだろう。

「商品の欄はその日に、一枚につき一〇ドゥカートを受け取らなければならず、われわれはそれを売って現金として金庫を納めるので、現金の欄は支払わなければならないと記帳される」

現金の欄は貨幣を受け取るので借方として現れ、商品の欄は貨幣を支払うので貸方として現れる。

これと同様に、あらゆる記帳は、一ページの両側に、すなわち元帳の右側には「返済すべきもの」[借方]を、左側は「受け取るべきもの」[貸方]を書き記す。[*30] そして、すべての記帳において、いつ、すなわち日時が、どのくらい、すなわち貨幣の量が、誰に対して、すなわち支払う者の特定が、なぜか、すなわち理由が述べられなければならない。

日付	摘　要	借　方	貸　方
	（現　金）	10	
	（商　品）		7
	（商品売買益）		3
	生地１枚を @10ドゥカートで販売		

*30 今日の簿記では、左側の欄に「借方」が、右側の欄に「借方」が置かれる。この点について、本書の一五世紀の写本に、誤って左右が逆に記されたと指摘する研究者もいる。

加えて、先に帳簿に記載して次に支払い、先に受け取って次に記載を抹消するようにする。生地についてと同様、あなたは他のすべての商品について、帳簿に記載をしなければならない。

もしあなたが元帳の最初に一〇〇〇ドゥカートを所有しているならば、現金を借方と、また資本金を貸方とする。ひとたび、現金による資本金がこのような仕方で記帳されると、商品は「支払うべきもの」の項に、そして資本金は「受け取るべきもの」の項に記載される。[*31]

それから、「借方」と「貸方」の記載を行い、記帳し続けて、商品の記帳を終えなければならない。生地の記帳においては、費用は生地を借方にするが、収益は生地を貸方にする。もしすべての生地が売れて、「支払う」べきならば、借方に属する数字自体が消えるし、他方、もしまだ「受け取るべき」べきならば、貸方に属する数字が残っている。

31 コトルリが挙げている例を、今日の仕訳帳に簡略化して記すと次のようになる。

日付	摘要	借方	貸方
	（現　金）	1000	
	（資本金）		1000
	現金を元入れして開業		

もし五〇ドゥカートの貸方が存在するならば、記帳を清算して、それを借方に変えなければならない。それについては、次のように言うだろう。

「ある特定の日に、上述の生地によって五〇ドゥカートが残っているならば、残っているものは受け取るべきものとして、そのページに記帳しなければならない」

そして、元帳には、「残高」と呼ばれる記帳がなされる。「支払うべきもの」の項に残っているもの、そして、「受け取るべきもの」の項で消えて、無くなったものを記帳して、年末に残っているものはすべて、資本金へと再び繰り入れなければならない。

資本金は、残高が返済しなければならないものを受け取らなくてはならない。このようにして、記帳は均衡を保ち、資本金は更新される。そして、毎年、記帳が行われなければならない。

仕訳帳においては、最初になすべきは、あらゆる記帳を行うということである。

◇◇◇

そのあと、仕訳帳から取り出して、それを元帳に記載する。仕訳帳において、一つの記帳として記載されるものが、元帳において二つの記帳として記載される。

というのも、仕訳帳においては、複数のページに記載する必要がなく、日にちだけが記載されるからである。

そして、次のように言うことができるだろう。

「あなたが一〇ドゥカートで売った一枚の生地の記帳は、われわれがピエトロに売る一枚の生地に対して、一〇ドゥカートを金庫に支払わなければならない」

この記帳は、元帳において、現金の欄においては、「受け取らなくてはならず」、そして生地の欄においては、「支払わなければならない」。一方、仕訳帳においては、一つの記帳だけでよく、他のものについても同様である。

日記帳においては、すべての契約、負債、為替、そして生じるすべてのことを、契約に署名するとすぐに、仕訳帳に記帳する前に、記載しなければならない。実際には、仕訳帳に記帳せずに、契約される事柄は多いが、しかしながら、疑いもなく、それを記録して、日記帳に記載することは必要である。

為替を利用する者は、お金を引き出すときに、複式の記載をしなければならないことに留意しなさい。すなわち、一方の欄は、通常、取引している都市の通貨における対価の計算のためであり、他方の欄は、あなたの都市の慣習にしたがって、あなたの仕訳帳が用いている通貨を表す印をつけておかねばならない。

これらは、あなたが商売を行う際の諸条件を、常に管理することができるためである。そして、これらの欄において、会計上の利益と損出が記録される。

その6〈会計〉常に正確で整理された帳簿を所有せよ。

7

〈ファイナンス〉

金融を理解し、
それを活用する
ことを学べ。

為替、保険、先物取引。

〈為　替〉

為替は完璧な発明であり、商業にとって重要で、必要な要素である。人体の組織が食物なしには維持できないように、**商売は為替なしには成り立たない。**

また同時に、為替は探究するのがきわめて難しく、模倣するのに骨が折れる活動である。

それゆえ、それを取り扱うには堅固な頭脳が必要であり、すべては、それがいかに機能しているのかをしっかり理解することにかかっている。

為替は、商人だけではなく、領主、聖職者、騎士、あらゆる種類の旅人にとってもたいへん便利で、有益で、必要なものである。それゆえ、われわれは、為替がこの俗世において最も重要な要素であり、才知に溢れた発明であると述べたい。

そして、**フィレンツェ人**は確固とした伝統を有しており、他の都市の人々にもまして、為替の実践において示している適切さ、方法、秩序のゆえに、彼らが最初にそれを試みたということについては疑いの余地はない。

こうして、為替は人類の活動にとって、たいへん有益で、好都合で、必要なものであり、私は、多くの神学者が昔も今も、それを不法なものとして断罪していることに驚くばかりだ。[*32] 為替は思いがけない利益、虚構ではない取引、真の交換、融通性、利子の排除、個人的な能力、具体性、頻繁な貸付に関わる危険、利得と損出の可能性を伴っている。

私は確信しているが、為替について否定的な判断を下す者は、その意義をまったく理解してない。私は商人であり、私の技芸を知り尽くしており、まる二年の間、為替を実際に運用したからこそ、それを理解することができる。私は、常にその仕組みを把握しようと願い、また欲してきた。

したがって、もし私が大胆にも、宗教人が耳から聞いただけでそれを理解することは確かに無理であり、結局、「色彩について盲目の者」のごとく正しく判断すること

32　中世のキリスト教社会では、利子を取ることが禁じられていたために、為替の換算や金銭の貸し借りについて厳しく制限されていた。一三世紀後半になると次第に利子を取ることが広く認められるようになり、両替商・金融業が栄えはじめる。

はできない、と述べても驚くべきことではないだろう。

〈貨幣の流通〉

実際的な話をすると、為替における両替には、ある通貨からある通貨へと行われるものと、別の通貨によって支払われるものがある。後者は、たとえばアヴィニョンで行われており、そこではフランに両替され、スクードで支払われ、そしてフロリンで帳簿につけられる。

アヴィニョンの一三二と三分の一フロリンは一〇〇フランであり、一フロリンと七ソルドと、九と五分の三デナロが一フランになる。そして、アヴィニョンでの現金の一フロリンは三〇スクードと、また一〇スクードは三四ソルドに相当する。一グロスは二ソルドに相当し、五フロリンは四フランに相当する。

また別の両替は、ある通貨からある通貨に対してなされるものだが、当該の通貨の価値によって、そのレートは増減する。こうして、バルセロナ[33]とバレンシア[34]は、リラ

33 スペインの都市。コトルリは、一四四四年から二年間、外交上の任務で滞在した。

34 スペイン東部の都市。

とリラを交換するが、時期によって、バルセロナあるいはバレンシアの通貨のレートのほうが高い。同様に、ペルピニャン[35]とバルセロナもリラとリラで交換するが、ペルピニャンの通貨のレートのほうが安くなる。

ナポリとパレルモ[36]は別の通貨で交換するが、パレルモの通貨のレートのほうが安い。また同様に、ヴェネツィアはヴェネツィア・ドゥカートによって交換するが、レートは増減する。ジュネーヴは別の仕方で、すなわちマルクによってヴェネツィアやバルセロナなどと交換するが、ジュネーヴのマルクはヴェネツィアのドゥカートに対して有利である。

すなわち、六二ドゥカート、六二と二分の一ドゥカート、六三ドゥカートなどと、さまざまな地域に応じて、さまざまな支払い期日によって、さまざまな仕方で両替はなされる。よく考えてみると、おお、神よ、為替はなんと有益なものであり、為替を最初に発明した人たちは、なんという方法をもたらしたのだろうか。

35 フランス南部の都市。

36 イタリアのシチリア島で最大の都市。

〈保　険〉

保険は、とりわけ、保険を取り扱う商人たちにとって、また保険をかける商人たちにとって、共通の、有益で、好都合な契約であるばかりか、都市や国家にとってもきわめて都合がよいものである。それは主として、次の二つの理由にもとづいている。

第一の理由は、保険は、**商人がきわめて多くの活動に着手するのを可能にする**ということである。たとえば、もし私が、保険によって守られておらず、一艘の船を賃借りするために莫大な資金を投じることができず、また、私が巨大な損出をもたらすリスクを冒すことができなければ、必然的にあらゆる事業を諦めなければならないだろう。

その反対に、もし私が保険をかけることができるならば、いかに大型なものであっても、一艘の船を賃借りでき、私の好きなようにリスクを冒すことができ、また他のことにも保険をかけることができるだろう。それは都市の国庫にとっても大きな利益をもたらし、また地位のある人々に、すなわち、船主や、税関吏や、多くの種類の市民にも利益をもたらすことになる。

第二の理由は、船が不名誉にも沈んでしまった場合、もしその船が一人の商人によって所有されていたならば、その者は困窮したり破産したりするであろう。しかし、保険によって、多くの者で損失を負担するのであれば、**それほど大きな損害は生じない、**ということである。

以上が、保険の必要性と有益さについてであるが、次に、保険に関わる人々、すなわち、最初に保険をかける人、次に保険を扱う人にとって重要な事柄について述べたい。

保険をかける人は、次の三つの事柄に留意しなければならない。

第一は、**保険契約の様式**である。それは考え抜かれたもので、債務については明確に規定されており、そこに係争や非合法の疑いが潜んでいてはならない。こ

◇◇

のことは、くれぐれも念を入れて用心すべきである。

第二に、**人物**について、すなわち、金銭を託す人物について考慮しなければならない。この人物にはたんに能力があるだけではなく、自らの義務を果たすに適切な素質が要求される。なぜなら、たとえば係争好きな保険員は、すべての事業を壊してしまうからである。

第三に、**価格**について、すなわち利益率について考慮する必要がある。保険金を可能なかぎり切り詰めることができなければならない。

結局のところ、商人は高いリスクを負わないために保険をかけなければならない。なぜなら、保険金を支払うことによって倒産した者は皆無だが、ときに商人は事業に莫大な金額を賭けたことによって倒産するからである。保険については、以上の言葉だけで十分であろう。

◇◇

〈先物売買〉

先物売買は、最初は、現金が欠如しているがゆえに導入されたものであり、これは真実のことである。しかしながら、このタイプの売買は、きわめて有益で、かつ必要であることが明らかになったので、今日では、それなしに済ますことはできないだろうし、実際に済むことはない。

これがなければ、あらゆる商取引が滞るだろうし、商売の技芸が無効になるだろう。そしてとりわけ、このタイプの売買がなくては誰も、トルコ人、タタール人、ムーア人、また異邦人、すなわち、**キリスト教徒からは入手しえない商品を提供する民族**の間を航海することができず、その結果、利益を失ってしまうだろう。

これがなければ、基本的な資材、とりわけ、羊毛、絹、香料、そしてそれらと同様に、最も一般的で、すべての人々に多くの便宜を供する資材を欠くことになり、都市を滅亡させ、その結果、家族の瓦解をもたらすだろう。

現金という手段によって、何か商売を行い、事業を興すことはまったく不可能である。なぜなら、現今は貨幣が欠乏しており、通例の売買を行うために十分ではないからだ。こうして、先物売買は、すでに述べたように、現金の欠乏から始まったとはいえ、それなしにはいかなる商業行為もできないほど有益であることがわかる。

それゆえ、商売の然るべき動機づけとして、このタイプの売買はたんに有益なだけではなく、また必要であると言うことができるし、またそのように言うべきである。

しかしながら、繰り延べ売買には、その行為が有益で好都合なものになるために、遵守しなければならない規則があり、次の六つの要素に最大の注意を払うべきだろう。すなわち、**「提供する物品」「売買する相手」「定めた支払い期限」「数量」「利益」「支払い条件」**である。

第一に、あなたが提供する**物品**が適切で、良い状態にあり、欠陥や損傷がないことである。多くの者が行っているように、**倉庫に保管している貧相で、安物で、**

売ることのできない商品を提供してはならない。このような者たちに起こるのは、「意地汚い大食漢と居酒屋の主人は別の計算をする」ということなのだ。

あなたは、古くて傷んだ商品を売りつけ、哀れな買い手を破滅させてしまう、と思うかもしれない。だが、彼は支払いをしようとは考えていないだろう。なぜなら、彼は必要に迫られて、仕方なくその商品を手にしようとしているからだ。

もし彼が破滅に至るならば、あなたもまた破滅するだろう。それゆえ、切羽詰まった状況から始めて、商品の本当の価格も考慮せずに先物買いをしようとする者を信用することは、常に避けなければならない。

第二に、あなたが商品を売買する**人物**について、評判がよく、信用があり、分別があるか、支払いが早いかどうかを判断しなければならない。さらに、念入りに彼についての情報を求め、彼のことを知らなければならない。

◇◇

あなたが直接的に知らない人々については、多くのことに留意すべきである。とりわけ、**眼から始めて、人相には留意すべきだ。**プリニウス[*37]が『博物誌』で述べているように、「たしかに、眼の中に魂はある」。そして、チェッコ・ダスコリ[*38]が述べているように、「両眼は心の性格を示す」。

あなたと話しているときに、あなたの眼を真っ直ぐに見ない者には気をつけなさい。そして、その者があなたに支払いの延期を申し入れ、おどおどしているならば、すぐに答えるのを、また何かの態度をとるのを差し控えなさい。

なぜなら、一般に、貧困と脆弱さは、人間を臆病な者とするからである。セネカが述べているように、「不幸な貧困は、自らの中にこの不幸を、すなわち、あらゆる質問が恥じ入らせることを含んでいる」。

同じようにわれわれは、われわれが一緒に事業を行い、われわれの商品を託す人々が、上品で、陽気で、話し方が快い（こころよ）いかについて注意しなければならない。あるときは、

37 一二三年〜七九年。帝政期ローマの軍人・行政官・博物学者。ナポリ近くのヴェスヴィオ山の噴火を調査中に、噴煙に巻き込まれて死去した。彼の著作『博物誌』全三七巻は、自然界の多くの事象を対象とした一種の百科全書で、中世・ルネサンスに広く読まれた。『博物誌』第一一巻第一四五章を参照。

38 一二五七年〜一三二七年。イタリアの天文学者・詩人。ボローニャ大学で天文学を教えていたが、一三二四年、異端の疑いからフィレンツェに逃れる。結局、異端思想を広めた罪によって、当地で火刑に処された。『ラチェルバ』第二巻第三章第一節を参照。

友人との話に熱中し、あるときは眼からほとばしる涙によって悲しむ人は、善い性格で、愛すべき人である。

あなたの眼を真っ直ぐに見て、真正で、人間的で、激怒しておらず、見開いた、偽りではない視線を向け、そして、多くの秘密を隠すことがないかについて注意しなさい。このような人々は交際し、友人となるべき者である。

第三に、あなたは**支払い期日**について考えなければならない。とりわけ、**その期日ができるだけ短くなるようにすべきである。**

第四に、あなたは**数量**について考えなければならない。小売りであろうと、卸売りであろうと、すなわち、少ない数量であろうと、大きな数量であろうと、**多大な貸付をしないように気をつけなさい。**あなたの取引の場所と、あなたが貸付する者の経済的な能力を考えなさい。けっして、多大な貸付を了承してはならない。

第五に、あなたは**利益**を、すなわち、あなたがいかほどの商売をするのかを考えなければならない。**価格は適正で、誠実であるように注意しなさい。**なぜなら、哀れな人に無理強いするならば、あなたは元手も利益も失うことになるだろうから。売買の価格は適正でなければならない。

第六に、あなたは**条件**について考えなければならない。商品を提供するにあたっては、明瞭な、すなわち、**公的文書に則った契約を、あるいは、あなたの住む場所で使われている法的保護に適合した契約を結びなさい。**なぜなら、契約は、さまざまな土地の慣習にしたがって、さまざまな場所で異なる仕方で規定されているのだから。

そして、ある者がきわめて友好的なときには、より注意深くなりなさい。なぜなら、格言にもあるように、「敵とは一つの契約が、友とは四つの契約が必要」だからだ。あなたの商品を提供するときに、あなたが法的保護について尋ねてもまったく問題はないし、友人ならば気を悪くすることもないはずである。実際、商人は、行動するに

◇◇

あたっては注意深く、用意周到でなければならない。

私は先物売買に関して、さらに次の考えを付け加えたい。あなたの借財人の事業が順調に進まず、その成功がおぼつかないときでも、彼を中傷してはならないし、また彼に支払い命令を出してはならない。なぜなら、彼の苦境を公の場で話して、命令を課すならば、彼は破滅するだろうからである。

あなたは賢くありなさい。そして、すべてを止めてしまう前に待ちなさい。もしあなたが彼を助けることができ、彼に貸し付けて、彼を元の状態に戻らせることができるならば、そのように行動しなさい。衆人環視の中で、彼に対して軽蔑する態度をとってはならないし、彼に怒りの言葉を浴びせてもならない。

彼とは取り決めと契約を結び、彼を受け容れ、彼をなだめ、彼を鎮め、そして、**できるかぎりの方法で彼を助けなさい。**なぜなら、あなたの救いが彼の信用になるからだ。

最後に、領主、聖職者、修道者、学者、博士、軍人には信用貸しをしないように気をつけなさい。なぜなら、彼らは金銭を管理することに慣れておらず、結局、負債を支払うことができないからだ。

生来的に、貨幣は貪欲な一皿であり、それを利用することに慣れずに手に入れてしまうと、たいへん甘美な感覚を味わうことになるので、それを管理することができず、結局は支払いもできなくなる。

これまで述べてきたことの要点をまとめると、私の助言は、このような信用貸付によって取引するのは、これ以外の方法では売買できない商品にかぎるべきだということである。

その7〈ファイナンス〉金融を理解し、それを活用することを学べ。

8

〈利益の分配〉

共同経営者を尊重せよ。

協力者には正当な支払いをして報いよ。
それに値する者を誉めよ。
しかし度を超してはならぬ。

もしあなたに共同経営者がいるならば、彼を尊重し、彼を敬い、彼とは誠実に、信頼とともに過ごすべきである。

すべてにおいて、気前よく振る舞いなさい。

この美徳は、恩恵を与えることと返されることに存している。それゆえ、商人は、恩恵を受けた人々に対して報いて、彼らが必要な場合には恩恵を与える準備ができていなければならない。

セネカが述べているように、恩恵に報いることにおいて、心をかたくなにしないように気をつけなさい。

商人は、気前よく恩恵を与えることが必要であるが、しかし、それは豪勢にというわけではなく、とりわけ、必要のないときに行うのは避けなければならない。なぜなら、このような美徳は、商人よりもむしろ領主や有力者に属しているからである。

実際、領主たちの義務とは富を施すことであるが、**商人たちの義務とは富を集めること**であり、これがわれわれの技芸の目的なのだ。

商人には、恩恵を返す準備が、それも迅速に返す準備ができていなければならない。なぜなら、商人はあらゆる債務を、遅滞なく締め切り日に支払うのと同様に、自分が受けた利得を遅延なく返さなければならないからだ。

さもなければ、あなたが長い間、自分の内に抱えていると利得は不毛なものになり、それを返す前にためらった人は、返すのを拒否した人と同じである。

あなたが遅れれば遅れるほど、あなたの信用は失われていく。

多くの人々にとって、恩恵を遅れて返してもらうよりも、むしろ、すぐに拒否の声を聞くほうが好ましいのである。

そして、あなたがある人に施す恩恵が、別の人には害とならないように気をつけなさい。なぜなら、後者に損害を与える事柄によって前者に恩恵を与えることは、恩恵ではなく、むしろ追従(ついしょう)と呼ばれる行為となるからである。

それゆえ、キケロ[*39]が述べているように、「もし、多くの者たちを喜ばせ、誰も害しないように、気前よく振る舞おうとするならば」、暴利をむさぼっておいて、後日、教会や病院を建てる、多くの商人のようになってはならない。

さらに、あなたが恩恵を施すときには、自分が施した人に恩を着せ、また恩恵について高説を垂れてはならない。なぜなら、このような嫌みは彼の満足をすべて失わせるからである。

セネカが述べているように、「おお、傲慢さよ、おまえからは、何であれ、受け取ることは禁じられている。なぜなら、おまえが与えるものは、すべてを破壊するからだ」。

39
註16を参照。

それゆえ、あなたが恩知らずな人に恩恵を与えたとしても、彼に不満を漏らさないように気をつけなさい。なぜなら、もし彼が、われわれが予想するように振る舞わなかったとしても、彼に施しを行ったわれわれと彼とは、異なる存在なのだから。

こうして、商人は与えることにおいて物惜しみしてはならず、その背後の意志においても強情であってはならない。

あなたは常に、他人に負債を負う者であるより、他人があなたに負債を負う者であるように行動しなさい。

もし、ある者が忘恩の徒であったとしても、彼はあなたではなく、自分自身を責めるであろう。

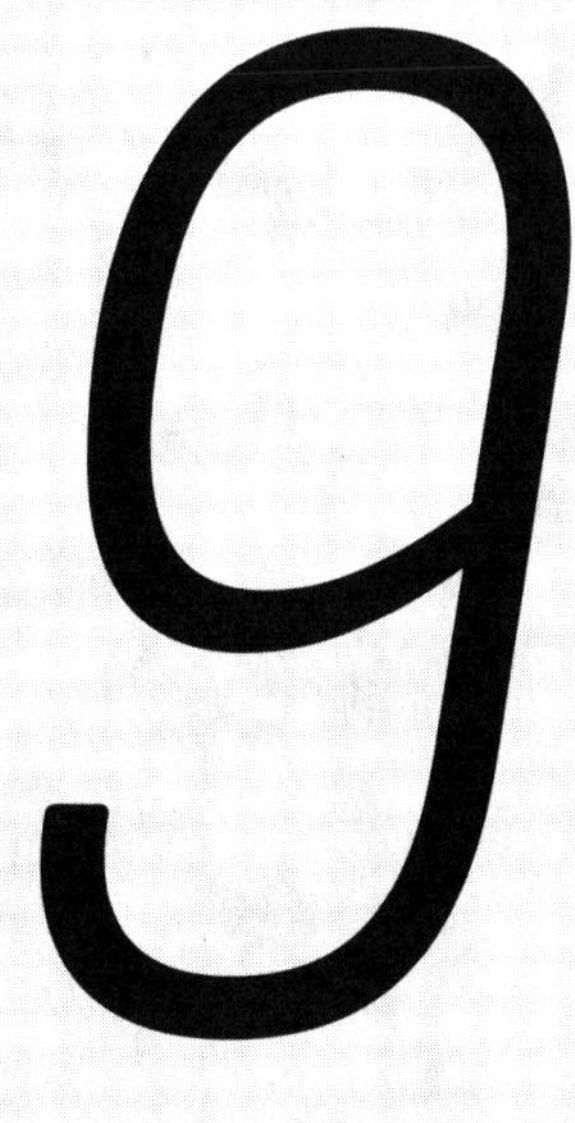

9 〈支払いと取り立て〉

契約を守れ。

負債の支払いをせよ。
そして債権を回収せよ。

商人は、商店と従業員の資産を、心を砕いて誠意をもって管理し、その一方で負債の支払いも行う。これこそが彼の言葉に大きな威厳を与え、彼の約束に最高の誠実さをもたらすだろう。そして、このことはけっして色あせることがない。

商人はとりわけ、自らの約束と、自分が結んだ契約の義務を尊重し、契約への信頼を維持しなければならない。

さらに、

良い取り立て者であるためには、良い支払い者でなければならない。

そして、たしかに、次の格言には大きな真実がある。「金銭において良き者は、あらゆる事柄において良き者である」。

私はこの言葉を尊重し、称讃し、肯定する。そして私は、それがカタルーニャ人たちの間で、とりわけバルセロナという高貴な都市において尊重されているのを知っている。彼らが司法官に推そうしている人物が受けている第一の称讃とはただ一つ、「彼が良き支払い者である」というものである。そして、商人は、他の種類の者よりも称讃を受けるようでなければならない。

そして通常、彼らは皆、そのように、すなわち良い支払い者であるように、そう見えるように努力している。そして実際、ほとんどが良い支払い者である。この点について彼らは、「あなたの雇い人の報酬が夕方になってもあなたのもとに残っていてはならない」と諭した、わが救世主を大いにまねているのだ。

しかし、同様に商人は、負債の支払い期日には熱心に取り立てなければならず、それを先送りにしてはならない。負債の持つ性格とは、それが先送りされると、この商人の経済的な力が減じていき、一年間が過ぎれば半分になり、このように事は進んでいくということである。なぜなら、商人にとって、**時間を失うのと金銭を**

失うのは同じことだからである。

すべての商人は自分の商品を信用売りすることができるが、すべての商人がそれを取り立てうるとはかぎらない。

取り立ては、商人にあっては、あらゆるものに勝る責務であり、**狡知を尽くして行うべき責務**である。

こうして、あなたは、各月ごとに、あなたの債務者の各々の名前を帳簿に記し、負債の受領書を書き記し、そして取り立てに行きなさい。帳簿を繰り返し読んで、負債を先送りしないようにしなくてはならない。

負債は、許容でき、回収できるものもあれば、勘定を調整して、再び計算し、更新すべきものもある。この更新された負債は、あなたにとっては以前からのものであるが、それを負う者にとっては新しいものである。

あなたの帳簿が膨らまないように、またあなたが貧乏にならないように気をつけなくてはならない。

支払い期日の何日か前には、あなたの債務者のところに姿を見せなさい。

なぜなら、彼にメモを渡して、次のように言うことは悪いことではないからだ。

「本日から数日後には、貴殿は私に支払いをしなければなりません。もし貴殿が、支払い期限の数日前に、この代金――私にはそれが必要なのです――をお渡しいただければ、これほど喜ばしいことはないのですが」。

たとえ彼が――たいていの場合はそうなるのが常であるように――黙って、あるいは控えめにこの提案を拒否したとしても、少なくとも、あなたは彼に、支払い期限以上は待つことができないことを、妥当な説明によって想い起こさせ、諭（さと）したのである。

10

〈心の在り方〉

あなたの性格。

平穏、堅固、誠実、自制。

〈平　穏〉

魂の平静は、あらゆるタイプの人間において、とりわけ商人において発揮される美徳である。魂の平静な人々は、すなわち、身体の良い構成と望ましい体液の良い配置[*40]を持っており、したがって、陽気で、快活で、自分とも他人とも、あらゆる友人とも平安を保っており、嫉妬深くなく、狡猾でなく、不正でなく、復讐心を持たない。

常に憂鬱質の人々の中で見いだされるのは、体液のあらゆる悪い配置であり、彼らは頭を下げ、視線を常に地面へと向けている。このような人々は最も悪徳に満ち、常に悪事のことを考え、常に悪事を行い、他人においても、自分自身や自分の家族においても、きわめて貪欲である。

あなたは、とりわけ、嘘つきで偽りの多い彼らと交際するときは、気をつけなくてはならない。外面では常に痛ましく、憂鬱そうに見えるが、内面では、心は常に悪徳に満ちている。このような人々は、多くの地域において最も邪悪と見なされている。

40　古代ギリシャ時代より信じられていた説で、四つの体液の過少と人の気質を関連づける考え方。人間の四気質として、粘液には「粘液質」、血液には「多血質」、胆汁（黄胆汁）には「胆汁質」、黒胆汁には「憂鬱質」が対応する。

たとえば、**フランス、ドイツ、ハンガリーなどでは、常に笑い、冗談を言い、歌い、踊っており、憂鬱質な人々を最悪と考えている。**そして、これらの国の住民は、憂鬱質な人々と交際するのを避けている。

神の従僕、商人、紳士、軍人、領主、そして、あらゆる階層の人々は、魂において陽気で、快活で、平穏でなければならない。商人にとって、魂が混乱し不機嫌な場合、正しく思慮し、決定を下す能力がなく、またそれを実際に行うことができない。なぜなら、悪い体液が増大して、知性を押しつけ、人間を愚鈍な者とするからである。

短気な体液と血液を増加させてはならない。良き時も悪しき時も、快活に、そして平静でいなさい。このように生きる人は、長く、正しく生き、あらゆる事柄について、誠実に判断を下すのである。

私の先祖のスターノを例として挙げよう。彼は九六歳の時、たまたまひどいヘルニアを患った。彼を医者に連れていくと、医者はその高齢に驚いた。なぜなら、彼は元気で、快活で、顔には皺がなく、四〇歳の男性に見えたからである。

いったいなぜ、このような幸運を維持できるのかと尋ねられると、彼はこう答えた。

「さまざまな、数多くの災難が私の息子たちに降りかかったときも、私はけっして狼狽せずに、また無気力にもなりませんでした。そして余談になりますが、私はこれまで満腹になって食卓から立ち上がったことはありません」。

こうして、医者は、精神の平静が彼の生命を延ばしたということを知ったのである。

〈堅　固〉

商人は、運命の浮き沈みやしばしば被る不遇に対して堅固でなければならない。それゆえ、商人は三つの特性を持つべきと言われている。すなわち、堅固のために驢馬の背を、節度のために豚の鼻を、そして忍耐と辛抱のために商人の耳を、である。

浅はかな、辛抱ができない商人は、

商人とは見なされないことを肝に銘じなさい。

もし必要とあれば、気の変わりやすい人をその完璧な例として挙げることができるだろう。一般に、気の変わりやすい人々は、自分を飛び去らせるほど軽い精神の持ち主であり、彼らにはすべて、狂気じみたところが見いだされる。

それゆえ、商人は事業において堅固で、決然としているべきで、気が変わりやすく、軽々しくてはならない。セネカ[*41]がルキリウス宛の書簡で述べているように、「自分自身の場所で、そして仲間の中で平静でいることが、魂にとって第一の善である」。

さらに、運命が起こす出来事の中で堅固でいなければならない。それはキケロ[*42]が述べている通りである。「逆境においても取り乱すことなく、順境においても舞い上がらないことが、強く堅固な魂の徴である」。

41 註12を参照。第一巻第二書簡。

42 註16を参照。キケロ『義務について』第一巻第八〇章。

〈誠　実〉

商人は、公的ならびに私的な関係をつくりださなければならないとき、そして、あらゆるタイプの社会的関係においてこの義務を負っているとき、誠実な行動をとることが必要であるように思われる。

この反対は、浅はかな、変わりやすい無為である。そして、諸行為において誠実であるばかりでなく、魂の思惟においても堅固でなければならぬように気をつけなさい。そして、高潔な徳を持った人は、自らの魂を汚すことはないのである。

落伍者にはもはや、信頼や信用を与えるべきではないだろうし、とりわけ、悪事によって破滅した者に対してはそうである。なぜなら、**「ひとたび悪事を働いた者は、常に悪事を働くと推定される」**（『法の規定について』[*43]第六巻）からだ。

そして、このような者は、商業の恥ずべき、ペテン師として見なされるべきである。

43　一二世紀後半にボローニャ大学で法学を講じたヨハネス・バッシアヌスに帰せられた法律書。

〈自制〉

最後に、われわれは、最大の美徳であり、それとともに他の多くの美徳をもたらす自制について語ることにしよう。

第一に、あなたは順境においても、逆境においても自制しなければならない。商人は、他の人々との関係で、しばしば、あるいはむしろ常に、どちらかの状況にあるが、

順境においては舞い上がらず、逆境においては取り乱してはならない。

あらゆる自制は、妥当な中間をもっており、その中に美徳が存している。そのことは、アリストテレスが『ニコマコス倫理学』[*44]において述べようとしたことだ。「美徳とは、中間に存している選択的性向のことである」。

第二に、商人は食べることと飲むことにおいて自制しなければならない。この悪徳

44 註11を参照。しかし、ここの引用は、おそらくキケロ『義務について』第一巻第八〇章。

の最大のものは酩酊と過食である。商人において、この悪徳は他の人々においてよりも避けるべきものである。

なぜなら、商人は他の人々よりも公的な人物だからである。他の人々は酔っ払っていても、会話を避けることができるし、ひそかに酔いをさますことができるが、一方、商人は常に公の場に現れており、この悪徳を隠すことができないからである。

それは恥ずべき悪徳なので、商人に対して、契約においても売買においても損害を与える。なぜなら、彼に大きな損害をもたらすような誤りが生じやすいからである。

それゆえ、

商業を営む者は食べ過ぎることを、
またとりわけ飲み過ぎることを避けなければならない。

それは彼にとって有害な悪疫なのであり、彼について悪評が立つだけではなく、多くの者が彼から逃げ去るに違いない。

さらに彼を襲うのは、怠惰、知性の鈍感、眠気、言葉の肥大、そしてついには、さまざまな病気、すなわち、痛風、胃腸の疾患、熱病、水腫、ハンセン病、その他の多くの病気であり、それらはあらゆる人間にとって、とりわけ商人にとってはきわめて煩わしいものである。

商人は自らの活動において、すなわち、**買うこと、売ること、生産すること、航海すること、**そして、いかなるものを選ぼうとも、この技芸における実践において節度を保たねばならない。

なぜなら、浅はかな魂を持ち、貪欲な行為によって、飛んでいる鳥をすべて捕らえようとする者がいるならば、彼はすぐに破滅に至ると見なされるだろうし、誰もが彼に巻き込まれないように注意するからである。

あなたは、**節度を持って振る舞う人々に**、すなわち、

自らの資力で十分可能に思われる、自分の活動力の範囲内で振る舞う人々に注目しなさい。

そして、あなたにさまざまな事業の提案が持ち込まれたときに、それらを検討すること、また実際に行うことを拒んではならない。

ただし、あなたの活動力で実行しうるものだけを受け入れなさい。あなたに損害を与え、あなたを破滅させるリスクがあるものを自分の中に詰め込んではならない。以上のことは、私がこれまでの経験の中で不断に見てきたことである。

最後に、商人は友情と愛情において限度を設けなければならない。この技芸においては、たとえば、婦人、聖職者、修道士、旅行者、領主、貧民、貸しても返済しない者など——彼らがあなたと上辺だけであろうとも、親密であろうとも——これら多く

の人々と友情を持つことは成功につながらない。

実際、もしあなたにたいへん親密な人物がいるならば、あなたは彼の言いなりになるだろう。言いなりにならなければ、あなたは彼を失うかもしれない。しかし、言いなりになるならば、結局は彼の敵になってしまうだろう。なぜなら、返済の瞬間に、あなたとあなたの使用人たちが行う催促の力と迅速さによって、彼は敵になるからだ。

それゆえ、

商人は多くの知り合いと少しの友人を持つべきである。

われわれは「友人」という言葉を不適切に用いている。なぜなら、友人はほんの少数しか見いだされないからだ。多くの者は友人と呼んでいるが、正しく語るのであれば、「知り合い」と言うべきである。

11
〈教 養〉

教養がすべてであり、過小評価してはならぬ。

できるだけ、政治から遠ざかれ。

商人の教養について、それがどれほどのもので、どのタイプが必要であるかを論じなければならないが、それを考えることは私の身に余る。なぜなら、それは私を限りのない考察へと導くからだ。

完全で完璧な商人を考えるとき、私はたとえば、あらゆるタイプの人間を理解し、彼らと会話をする能力を賦与された**「万能人」**[*45]のことを思い浮かべる。

しかし、商人にとって有益かつ有効な、優先すべき特殊な学問を選ぶこととして、われわれは、商人が理解しておくべき特殊な学問について語ることにしたい。考えることを拒否し、あるいは学識ある商人すべてを断罪し、あるいはより無礼にも、「商人は文芸の徒であるはずがない」などと言う、無知な人々はごめんこうむりたい。

私は言っておくが、商売を営む者は、たんに優れた文筆家、数学者、帳簿の管理者などだけではなく、**またとりわけ文学の徒であり、優れた雄弁家でなければならない。**なぜなら、それが商人にとってきわめて必要なものだからである。

45　イタリア・ルネサンスに特有な、さまざまな領域・分野において秀でた人物のことを表す言葉。その典型は、文学者、建築家、芸術理論家のレオン・バッティスタ・アルベルティ（一四〇四年～一四七二年）、そして画家、彫刻家、科学者、技術者のレオナルド・ダ・ヴィンチ（一四五二年～一五一九年）である。

実際、ラテン語は、契約をよく理解することができる者を生みだす。[*46] 商人は毎日、ラテン語によって契約を結ぶ。またラテン語によって商人は、多くの民族の言語を理解するようになる。なぜなら、ラテン語は、ハンガリー、ドイツ、フランス、その他の多くの国民とさまざまな民族にとって共通の言語だからだ。

次に、ラテン語の文法によって、商人は多くの事柄を深く理解することができ、彼の存在は、領主たちや有力者たちの間で際立つことになり、そして、彼は優れた者、すなわち、**「群れから外に出た者」「庶民に優越した者」**となるのである。

しかし、ある者たちは教育のある人々を嘲(あざわら)って、その激しい狂気をあらわにして恥じない。彼らは一般的に無知で、粗野であり、他の人々よりも劣って見られることを嫌って狂気へ至り、教育を受けた人々を非難するのである。

実際、無知な者たちは、しばしば邪悪である。そして、悪は、美徳である善に対立

46　コトルリはボローニャ大学で学んでいるから、ラテン語の理解力は高かったであろう。一般の子どもは六～七歳頃から読み書きを学習しはじめ、その後の一部は、一一～一二歳頃から数年間、算術学校やラテン語学校に通った。

する。一方、この世界においては、無知な者と賢い者の、そして無教養な者と教養ある者の間よりも激しい反目や争いは存在しないだろう。そして、水が火と協和することが不可能で、実際に協和しえないように、教養ある者は無教養な者と協和しえないのである。

それゆえ、一般的に、庶民の間に文学者が見いだされるときには、彼は非難され、あるいは軽蔑され、あるいは殺され、あるいは追放され、あるいは庶民自身によって迫害される。このことは、多くの人々について、とりわけソクラテスについて知られている。

ソクラテスは人々によって、世界の中で最も知恵ある者と見なされ、アポロンの神託も彼の賢慮を予言するものであった。[*47] しかし、彼はその知恵のゆえに妬まれて、民衆によって獄に繋がれ、毒杯を飲まされ、そして死んだ。

ダンテ[*48]も祖国から追放されて、ラヴェンナで死んだ。昔も今も、このような数多く

47 アポロンの神託とは、「ソクラテスよりも知恵のある者はいない」というものだった。その意味を探求して、彼は「無知の知」を発見する。しかし、アテナの堕落を厳しく批判する彼の言動は、当時のアテネの権力者から危険視され、「国家の神々を認めず、青少年を惑わした」という理由で訴えられ、死刑の評決を受けた。

48 一二六五年～一三二一年。中世後期のイタリアの詩人・文学者。フィレンツェの没落貴族の家に生まれたが、政争に敗れて追放された。そののち、各地を放浪しながら『神曲』を書いた。フィレンツェに戻ることなく、アドリア海に臨む北イタリアの都市、ラヴェンナで没した。

の例があるが、読者の方々が退屈にならないように、ここでこれ以上想い起こすことは控える。

キリスト教の教会会議は、教養の偉大な卓越性について考察したうえで、俗人たちも学識を得るために教養を身につけるように定めた。それは、彼らが真と偽を識別し、「主」に負っている学問[*49]に近づくことができるためであった。

そして、この理由のゆえに、われわれのために**自由学芸**の教師たちが外国でも、どこの地でも、教会にいるように定められた。自由学芸には文法、論理学、修辞学が属している。他にも多くの学問[*50]が存在しており、これらの知識がわれわれを完全性へと高めるのである。

しかし、俗世は腐敗しており、多くの人々は分別を失い、人々は知ることに関心を抱かない。誰もそれを欲しないばかりか、さらにひどく、忌まわしいことには、確かな教育を受けた人々が誹謗され、愚弄(ぐろう)されている。

49 神学のこと。中世の大学は、神学・医学・法学の三つの学部があり、学生は、これらの専門的学問を学ぶ前に、自由学芸を含む「教養科目」を修得した。

50 註22・23を参照。

反対に、高貴なのは、哲学者たちの中の哲学者、雄弁家たちの中の雄弁家、歴史家たちの中の歴史家、論理学者たちの中の論理学者、宗教人たちの中のキリスト教祭儀に知識のある者である。そして、商人は最も万能な人物で、他の者に比して、さまざまな世代や社会階級とあまねく交渉することができる者である。

このため、上述した他の学問と自由学芸に加えて、商人には別の**実際的な知識**が必要であり、それは経験によって学ばれるのであり、別の方法によってではない。

たとえば、**世界誌**で理解できるのは、大地、諸国家、諸領域、諸地域、特定の諸都市の形状だけでなく、またそれらの状況と商業上の慣習、地域の関税、あらゆる場所において輸出入される商品と商売の条件である。そして、商人はそのすべてを知らなければ、あらゆる地域において、さまざま時期において、何が商売に適しているのかを知ることができない。

加えて、商人は、運送料と保険料を知るために、距離、場所、港、浜、そしてとり

51　一三世紀末から一四世紀初頭にかけて、イスラーム圏からの羅針盤の導入により航海技術が革新された。それにともなって、航海の経験を図面化した航路図が作成されて、各地への航海が促進された。

わけ**航路図**[*51]を知らなければならない。われわれが述べたことはすべて、商人にとってきわめて必要なことである。

ところで、必要とは言えない事柄について、われわれが何か述べるとするならば、**企業家にとって哲学を勉強することは無駄ではない**と、私は言いたい。実際、自然的な事柄を理解し、知性を磨きながら諸事物の本性とわれわれの本性を、とりわけ人間の身体的構造とその相貌を探究することは、根本的に理に適って(かなって)いる。[*52]

商人にとって、真を偽から区別し、誤った推論と三段論法を見分けることができるのは、不都合なことではないだろう。なぜなら、ある人々は、本性的に偽善者だからである。

占星術はある点で、商人にとって最高の学問であろう。[*53] なぜなら、それは小麦、オリーヴ油、その他の食物の年間の収穫量を知らせ、病気を予言するからであり、それ

52 中世ルネサンスにおいて哲学は、形而上学（存在論・認識論）の他に、論理学・倫理学・美学、そして自然学一般を含んでいた。ここでコトルリは人間の相貌を探求する「人相学」を自然学の一部として考えている。

53 天上の星々、とりわけ惑星と黄道十二宮の位置によって、未来に起こる出来事を予言することは古代から行われていた。ルネサンスに再び盛んとなり、王公や諸侯の宮廷だけではなく、教皇庁においても占星術師が雇われていた。

ゆえ、古代の格言ではこう言われるのである。「私を予言者にしてくれ、そうすればあなたを富者（ふしゃ）にしよう」。

さらに、商人は法律家であることが最上だろう。商人は、不正者から身を守り、正当な権利を庇護するために、法律に無知であってはならない。

そして、このように限りなく進んでいくと、人間が知るべきことは、商業を営む者にとって役に立つことがわかってくるのだ。

加えて、商人は第一に、自ら学ぶべきであり、次に他人を教えるべきである。なぜなら、「自分自身を知る者はすべてを知る」からである。そしてこれは、ただ多く読むことによって得られる成果である。それゆえ、私はあなたに想い起こさせたい。

暇があるときは、書物を読みたまえ！

キケロ[54]が述べているように、二つの事柄に注意しなさい。第一は、知らない事柄を知っているものと見なし、その考えに同意することである。それは過信である。第二は、われわれに関係のある必要な事柄を捨てて、見知らぬ、必要でない、しばしば曖昧な事柄に着手することである。

現実には、多くの無能で、粗野な若者が、舞踊、ご機嫌とり、宴会、その他の娯楽に身を捧げ、ラテン語、雄弁術、その他の尊い学問を放棄している。

また、われわれ商人の多くも、チェス、バックギャモン、カード、ダイス、フェンシング、相撲、奏楽、舞踊、狩猟、釣りはしっかり学んでいるが、その一方、学問といえば、「竪琴を持つ驢馬（ろば）のように」適当にしか修めていないのだ。

最後に、事業家にとって、政治や公的機関に専心することはふさわしくない。なぜなら、それは危険を伴う事柄だからである。[55]

54 註16を参照。

55 コトルリは、父と同様に、ナポリにおいて祖国ラグーサの領事を務める外交官でもあった。ナポリ王との関係は良好であったが、そのことが逆にラグーサ政府の疑念を呼んで、領事職を解雇される。商人が政治と結びつくことによって利益を生む可能性も多いだろうが、しかし、政治が変われば利益を失うのも早いだろう。ルネサンスのイタリアでも現代の日本でも同じ真実である。

12

〈話し方・身なり〉

公的な存在で
あることを学べ。

商人は偉大な人々とも卑小な人々とも、すなわち、紳士、貴顕（きけん）、要人とも、職人、農民、工員とも会話できなければならない。

相手が誰であれ、状況がどうであれ、商人はけっして、粗野な軍人の荒々しい身振りや、役者と道化の卑屈な身振りを伴わず、**話すこと、歩くこと、そしてすべての動作において厳粛でなければならず、**できるだけ自己の威厳を保っていなければならない。

商人の歩調は飛び跳ねるのではなく、節度のある整ったものでなければならない。足取りは落ち着いたもので、多くの浅はかで深みのない者たちの常であるように、手や足の動きによっておどけてはならない。また自分の人格を笑いものにしてはならない。

商人は、柔和で、優雅で、人間味のある話し方をするように努力し、怒りと浅薄さを抑え、魂の動揺を示すべきでない。この動揺は、キケロ[*56]が述べているように、賢人に起こらないものである。

56 註16を参照。

そして、話すときには、常に節度を持ち、話し過ぎてはならない。実際、話し過ぎることは、すべての人々において非難すべきことであるが、とりわけ商人にとってはそうである。それは有益なものを損なうので、商人には許されるべきではない。

実際、非常にしばしば、饒舌が商人に重大な損出をもたらしている。沈黙することは誰かに害を与えることはけっしてないが、何度も語ることは多くの人々に害を与える。

とはいえ、また真実なのは、思慮深い人は必ずしも沈黙しているべきではなく、然るべき場所と時間に話すべきであるということである。それは、周囲からの求めによってなされ、その際にはとりわけ、五つの事柄を考慮に入れなければならない。

第一に、

何を話すかについて考えなければならない。

先立つ議論に続かず、テーマから外れた事柄について、また、猥褻で、無益で、非難に値し、不誠実で、あなたの立場にふさわしくない事柄について話さないように注意しなければならない。

第二に、

あなたの議論を他人の議論の中に割り込ませてはならない。

もしあなたが、誰かの議論をさえぎりたい場合は、あなたの番であると思われるときを待ちなさい。なぜなら、時の経過とともに、あなたの言葉は受け容れられ、考慮されるからである。われわれの国の商人たちが、たいてい行っているようにしてはならない。彼らは、一度に七人が話していて、それで全員が理解できていないのである。

第三に、

どれだけ話すかを考えなければならない。

なぜなら、あなたはいつ自分の議論を終わらせるかを考えなければならないからだ。

冗長となってはならず、他人に場所を空けてやり、常に話そうと欲してはならない。

そして、あなたが話すべきときには、ホラティウス[*57]が述べているように、トロイの物語を語ろうとするときも、卵から始めて限度を超えてはならない。すなわち最初の神話から始めて長々と話すべきではない。また、あなたの議論は明瞭で、明白で、簡明であるべきだが、曖昧なほど簡明であってもならない。格言にも、「簡明であることを欲して曖昧になる」とある。

第四に、

誰と話しているかについて考えなければならない。

これが意味しているのは、あなたは、必ずしも常に、あらゆる人に対応する必要はなく、人物の程度にしたがって対応すべきだということである。

しかし、常に、他の人々を尊重するように気をつけなさい。それは良いことで、な

57 前六五年～前八年。古代ローマの詩人。『諷刺詩集』『歌章』『書簡詩集』『詩論』を書いた。彼の作品は中世・ルネサンスまで読み継がれ、その深い倫理性と完璧な技巧は大きな影響を与えた。『詩論』第一二五～一二六章を参照。

んの労苦も伴わない。そして、他人に示す敬意は、汝の誉れでもある。アリストテレス[*58]の言葉によれば、「誉れとは、誉める人に属する」。

第五に、

いかに話すかを知る必要がある。

これはきわめて広大なテーマであろう。キケロはそのための一巻を書くという苦労をしたが、私はその詳細をあなたに説明はできない。その要点を述べれば、あなたは自分の話を、声、相貌、身振り、節度において魅力的に提示しなければならない。

声。あなたは声を軽く、そして、あなたが取り扱うテーマによっては、高く、あるいは低く出し、また、厳しく、優しく、尊大に、繊細に、などと変えなければならない。

相貌。あなたは頭、眼、口、手、足を動かしてはならない。動かず、平静さを保ち、

58 註11を参照。

ただ舌だけを用いて、身体の他の四肢は休めるべきである。

身振り。議論に伴う、顔の表情において、口と身振りにおいて、他の人々よりも上品であるべきである。商人は自らの本性を高めるように努力し、また、できるかぎり、丈夫な身体と優美な相貌を示さなければならない。

最後に、節度には魅力と厳格さが伴うべきである。なぜなら、良き事柄は、語る際の節度と推論する際の厳密さが伴うなかに見いだされるからである。

これは、成熟した人々の間に、さらには、ペトラルカ[*59]が言うように、若者の間にも存在する。「若年で知ることができる人々はきわめて稀である」が、しかし、そのような恩恵を受けている少数の者は幸福なのである。

それゆえ、商人は自らの内に威厳と魅力を具えなければならない。**その威力は、とりわけ、不意に彼の前に現れた外国人の前で、大いに発揮されるだろう。**

59
一三〇四～七四年。イタリア・ルネサンスを代表する詩人・人文主義者。憧れの女性ラウラを詠んだ詩集『カンツォニエーレ』が有名。引用はペトラルカ『親近書簡集』第一一巻第八書簡二三。

権威と美しさは、個人が自らの内部に持っている充実度が、外部に出現して見られるということを肝に銘じるべきである。アリストテレスは、アレクサンドロス大王への手紙で、そのように魅力のイデアを定義している。

それは顔において、身振りにおいて、声において、美しさと沈着さとともに見いだされるものである。今日、それが本性的に多く与えられているのはジェノヴァ人であると認めることができる。

最後に、服装について考える必要がある。

〈当世風モードの規律*60〉

今日、平民と紳士の間にはもはや区別は存在しない。貴族も領主も服装を控えめにし、正しい節度をもって最小限に抑えている。一方、平民は服装において豪華さと洗練さを発露しており、もし彼らの容貌に遜色なかったならば、貴族と見まちがえるほ

60 ルネサンス時代のイタリアは、贅を尽くしたさまざまな服装の流行があり、レオナルド・ダ・ヴィンチも『絵画論』の中で、「人間の気狂いじみた発明」として述べているほどである。

どである。イリュア地方[*61]の有名な格言は当を射ている。すなわち、「山羊が自分は山羊ではないと言っても、角が山羊を裏切るだろう」。

実際、美しく、優雅に着飾った、平民の男女を見てみなさい。その衣服が彼らを告発しているように見える。彼らの衣服が高価であればあるほど、彼らは**着飾った猿**に見えてくる。

一方、簡素なマントをまとった紳士、あるいはダブレット[*62]をまとった淑女を見てみなさい。その容貌から彼らの高貴さがわかるだろう。私が思うには、平民の女性が高価な装飾品を身につけるのは見苦しく、慎ましい装飾品を身につけるほうがふさわしい。

美は天からの偉大な贈り物であり、人間が受け取る最初の恩恵である。なぜなら、それは創造の瞬間から存在しているからである。美は何らかの仕方で、すなわち、恩恵により無償で付与されることによって、あるいは、天の徴(しるし)によって、あるいは父母の遺産によって生みだされるが、その最初の原因は「主」ご自身である[*63]。

61 バルカン半島北西部に位置する。

62 ここでは、フランスの技術によって、リネンと綿でつくられる、ナポリの古い織物による衣服のこと。

63 ここで言う「主」とはカトリック的な表現で、キリスト教の神のことである。

しかし現実には、この俗世は堕落し、損なわれている。それゆえ、すべての種類の野獣が各々自らの種類へと、そのあるべき姿を導いているように、人間もまた各々の務めを弁え、万人に対して**自分の務めを果たすべく装うように**と、真の正義は要求している。

そのため、多くの商人は大いに非難されるべきである。彼らは見苦しい習慣を多くの国、特にイタリアに持ち込んで、今では、伯爵にも、それどころか王にも見劣らないと言っていいほどの豪華な衣服を身につけている。

たしかに、われわれの時代に、二人の君主がこの乱用を断罪している。すなわち、ルクセンブルク家の皇帝シギスムント[64]と、私の神々しい領主であるアラゴンのアルフォンソ王[65]である。

私は、アルフォンソ王についてより理解しているので、彼について語ることにしよう。彼は絹の薄い生地、絹の滑らかで厚い生地、黒いダマスコ織り、そしてきわめて

64　一三六八年～一四三七年。カール四世の次男で、神聖ローマ皇帝（一四一一年～三七年）。コンスタンツに公会議（一四一四年～一八年）を招集し、シスマ（教会分裂）を収束させた。

65　アルフォンソ五世。一三九六～一四五八年。アラゴン連合王国の二代目の王（在位一四一六年～五八年）。シチリアとサルデーニャを支配し、一四四二年にナポリ王国を征服してその王位に就く。彼のナポリの宮廷には、多くの文学者や学者が集って人文主義が花開いた。

稀ではあるが、滑らかなビロードから成る衣服を、しかし通常は、羊毛から成る衣服をまとっていた。

彼は、ナポリという幸福な都市だけではなく、王国全体において、またイタリアの大部分において慣習を変えさせた。その結果、私が思うには、**紳士たちの間に簡素さが現れて、**彼らは絹のガウンをまとい、絹のスリッパを履き、薄い布の、とりわけほどほどの長さのケープをはおるようになった。とはいえ、あまりに短くして節度を超えてしまった愚か者については語るつもりはない。

神々しい王は、ケープを常に膝下まで垂らしていた。それはたしかに、慈悲、従順、謙譲、節度の表現であるように、私には思われた。私はそれを実際に見ているし、また知っている。

私はいつも、イタリアや外国の多くの場所を回っているので、私があとで咎められないように、あるいは面倒が引き起こされないように、都市の名前は挙げることができないが[66]、次のことも知っている。

ある都市においては、私的かつ公的な人間にふさわしい、あらゆる様式や慣習とは異なる仕方で着る流行が、良いこととして行われている。あらゆる人々は、紳士であれ、労働者であれ、吟遊詩人であれ、かかとまである長い衣服をまとっており、それに満足できない人々の衣服は、かかとに達してさらに覆うほど長いものになっている。

彼らの衣服は繊細な布地から、すなわち、貂（てん）や黒貂（くろてん）で裏打ちされた絹の織物、タフタ、ゼンダーディ[67]、その他の豪華な裏打ちから成っている。私があなたに言いたいのは、それが何十リッブラの重さがあることであり、肩の上に袖をつけている者は、フィレンツェの言い方では「ポルタトーレ[68]」、ヴェネツィアの言い方では「ファッキーノ」、われわれの言い方では「バスタージョ」と思われている。

あるいは、彼は女性用の商品の売り手と思われている。なぜなら、女性は流行している衣服を身にまとうからであり、それが彼女らの一致しているところだからである。

66　以下に名前が出ている、フィレンツェあるいはヴェネツィアであろう。

67　繊細な絹の織物。

68　「運搬する者」という意味。以下の言葉も同様。

そして、彼女たちにとって、虚栄や豪奢は見苦しいことではない。

そして、このような人々が、きわめて大きく異なっていることを見て、また、このような人々の法律と規律、彼らの間の対照と相違を考えると、私は、**競走馬の鞍をつけた驢馬**[ろば]を見ているような気がした。私には、頭の回転の鈍い貴公子でも見ているように思われたのだ。それは、ボッカッチョ[*69]が、「ポルコグラッソとヴィンダチエーナ」において述べている通りである。[*70]

そこで取り扱われるのは、品性や節度ではなく、また快活で、誠実で、適度な、親切で、用心深い、信心に満ちた、寛大な、節度のある、思慮深い、勤勉な、中庸な、善良な振る舞いではなく、あらゆる道徳と規律に反したものである。しかし、人間は品性と誠実さにおいて、われわれの本性に合致する限度を超えるべきではない。

私は、すべての者が自らを、いかなる仕方によっても誇ってはならないと述べているのではなく、常に節度をもってなすべきだと述べているのである。なぜなら、もし

69　一三一三〜一三七五年。イタリア・ルネサンスの創成期の文学者・詩人・人文主義者。代表作は、一〇日一〇〇話の短編物語を集大成した『デカメロン』であり、その中では、王侯貴族や教皇から一般庶民や乞食に至るまで、あらゆる社会階層の人々が登場して陽気で活気に満ちた物語が展開するが、背景にはペストに襲われたフィレンツェの惨状が描かれている。

70　ボッカッチョ『デカメロン』第八日第九話。ここで医者のシモーネは、哲学者の名前の「ヒッポクラッソ（＝ヒポクラテス）とアヴィケンナ」を、「ポルコグラッソ［太った豚］とヴィンダチエーナ［野蛮な食卓］」と聞きまちがえてしまう。

君主たちや領主たちがダマスコ織りやビロードなど厚い布地を身にまとっているならば、あなたにとって、粗末な衣服を着ることも当然のことだろうからである。

それゆえ、わが商人よ、わが市民よ、私があなたに言いたいのは、**緋色を除いて、あらゆる種類の薄い布地をまとうので十分である**ということだ。

緋色は、公務をこなす博士たちに、そのか弱さゆえに多くのことが許容されている女性たちに、その権威ゆえに騎士たちのためにとっておかれる。黄色や濃青色などの軽薄な色でなければ、他の色の薄い布でもかまわない。

暗い色は誠実さを示すように、明るい色は軽妙さと風変わりを示す。暗い色は、人間本性がそう望んでいるように、人間を誠実に、安定させる。私は、ビロードとダマスコ織りのジャケットが適切でないとは言わないが、しかし、それは限度を超えている。

◇◇

そして、薄くても絹は身につけないように気をつけなさい。なぜなら、あなたは成熟した猿か蜜蜂のように見えてしまうからだ。清潔で、単純で、都会的な衣服で満足しなさい。なぜなら、たしかに、外面的な事柄が魂の内面を明らかにするからである。

セネカの格言[注]によれば、「外的な行為を通して、内的な性格が認識される」。すなわち、**衣服を着ることは人格を形成することに通じる**のだ。

というのは、人は浅薄な色の標章や房飾りや凝り過ぎた装飾をつけた衣服を着た者を見るたびに、その人の魂があらゆる手の込んだ、奇異な仕方で飾られていることに気づくからだ。反対に、質素な身なりをした人は、きわめて穏当な魂の持ち主である。

それゆえ私は、節度を超えずに、すねの半ばまでのマントを着ている者を称讃する。下着は心地よいもので、脇腹で重く、不格好にならないようにすべきである。あなたが衣服の主人となるべきで、衣服があなたの主人となってはならない。

◇◇◇◇◇◇◇◇◇◇◇◇◇◇◇◇◇◇◇◇ 71 ◇◇◇◇◇◇◇◇◇◇◇◇◇◇◇◇◇◇◇◇

注12を参照。

私は黒い色、深紅の、暗い斑点の混じった赤色が好きであり、それは靴や靴底に使われる。頭については、健康に気を配り、フードや小フード、帽子や小帽子を控えめに被ることを知りなさい。というのは、頭部の体液の不順からは数多くの病気が生じるからである。

そして、俗衆の語ることを気にせず、あなたの生命とあなたの健康に留意しなさい。そして、とりわけ、あなたに害を与えるようなものを避けなさい。

愚か者よ、地面まで垂れる長く、広い袖を避けなさい。その姿はヘラクレスの祭司[*72]と見えるだけでは足らずに、首で支えなければならないほど、袖を重たくしてしまう。狂人とあなたの間にはただ一つの相違があるだけだ。狂人は常に錯乱しているが、あなたは、祭りのときだけそうなり、両肩の上に重たいマントをまとうのである。

もしあなたが、何が名誉なことなのかを知りたいならば、次のことを考えなさい。すなわち、大衆の前で、あなた一人がこのような習慣に則っており、他にあなたのよ

◇◇◇◇◇◇◇◇◇◇◇◇◇◇◇◇◇◇◇◇ 72 ◇◇◇◇◇◇◇◇◇◇◇◇◇◇◇◇◇◇◇◇

ヘラクレスはギリシャ神話の英雄で、高い身体的能力と不屈の勇気の持ち主。彼が行った冒険と成果は「ヘラクレスの一二功業」として知られる。古代ギリシャでは民衆の保護者、都市の守護者として尊ばれ、ヘラクレス崇拝はローマ人の間にも広まった。

うな愚かな姿をする者がいないのであれば、**子どもたちはあなたの後を面白がって追い回す**だろう。また、あなたは女性用の衣服を売る者と思われるだろう。

私は、あなたに、自分の弁解として、愛するデイダメイアの衣服をまとったアキレウスを持ちだしてほしくない。[*73] 彼はそれを愛にかられた軽率さから行ったのであり、彼は愛に盲目な者として描かれ、実際、そうだったのである。

商人であり、恋に陥ってもいないあなたにとって、それは良い行いではないだろう。なぜなら、それは古代の伝統による女性の衣服であったのであり、自分が愛する者への愛ゆえにそれを着はじめた者がおり、それに他の人々が、子羊のように次から次へと、あらゆる正しい趣向や分別に反して続いていったものだからである。

以上で、商人が節度をもって衣服をまとう仕方については十分だろう。

73　ギリシャ神話によれば、アキレウスはプティア王ペレウスと海の女神テティスの子。テティスは、息子がトロイ戦争に参加すれば生命を落とすことを予言し、スキュロス島に女装させて送った。アキレウスはこの島の王リュコメデスの娘デイダメイアの間にネイプトレモスをもうけた。オデュッセウスが商人になりすまして訪れ、商品の中に武器を交ぜておいたが、女性に交じっていたアキレウスだけが興味を示したために、彼は正体が暴かれて戦争に駆りだされた。

13

〈後継者の育成〉

息子たちを教育せよ。

しかし、彼らが事業の素質を
具えている場合にかぎる。

個人の性向を決定づける、**星辰の影響**に抵抗することは困難ではあるが、[74]とりわけ、最高の、並外れた才知の持ち主たちの一部には不可能なことではない。その際、彼らは自らの知慮によって、このような影響に抵抗し、それによって導かれることも、支配されることもない。

もしこのような抵抗が困難を克服して進み、星辰の影響によって本性的に傾向づけられた活動とは異なる活動へと向かうならば、ほとんどの場合、自らの本性的な性向に忠実ではなくなる。

それゆえ、とりわけ、いつ自分の息子を、あるいは父権によって結ばれた、あるいは親類関係によって結ばれた養子を教育しはじめ、商業活動へ向けさせるのか見極める必要がある。

なぜなら、もし息子が別の活動に、あるいは反対の活動に向いているならば、おそらく、彼は幸福な人生を過ごすことはないだろうし、あるいは、困難を抱えて進み、

74 占星術では、生まれた時点の天体図（ホロスコープ）を作成し、星辰の位置関係から、当人の性格を判断して、将来就くべく職業について予測した。とはいえ、人間の自由意志を完全に否定した決定論が説かれるのではなく、中世においては、トマス・アクィナスの「星辰は誘うが、強いない」という言葉が示す立場がとられた。

道の半ばで、利益も乏しいままで、「名誉とともに富む」という自分の目的を遂げることもないからである。

それゆえ、このような技芸に進むことを望んでいる子どもについては幼少期に、**本性上それに向いているかどうか**を考えるべきである。

そして、このような性向について調べるには、道徳的に無垢である幼少期において、子どもがいかなる活動を楽しみ、いかにして、通常は時を過ごしているのか知ることである。

もし、その子どもが本性的に活発で、快活な面持ちと気高い性質を持ち、あまりに落ち着きがないことも、うろつき回ることもなく、名誉と利得を追求するのに熱心なようならば、われわれは、彼が、「名誉とともに富む」ことを目的とする、企業家の活動を始めるのに適していると判断する。

しかし、もしわれわれが、このような性向をわれわれの息子たちや、親類の子どもたちに見いだせないならば、彼らを自らに適した実践へと向かわせるべきで、自分の本性と闘い、それに打ち克ち、凌駕するように仕向けるべきではない。なぜなら、このことは、活気に満ちている子どもにとってこそ、実行するのが良いことだからである。

歴史はわれわれに、ギリシャ人とローマ人の例を教えている。彼らは、その最も輝かしい時代に、自らの子どもたちと親類に対して、本性的に向いている活動へと導く規則を適用していた。こうして、その時代には、両方の民族のもとで、あらゆる称讃すべき活動領域において、それまでも、またその後においても、最良の才知が花開いたのだった。

このことは、すべての**自由学芸**と**熟練的技芸**[*75]の諸例からも明白である。

哲学においては、ギリシャ人のもとで、きわめて偉大な哲学者がおり、その数は数えきれないほどで、ピュタゴラスに始まり、ソクラテス、プラトン、アリストテレ

75 註22・23を参照。

スがいる。数学においては、ユークリッド、アルキメデス、プトレマイオス、その他同様、多くの者がいる。

詩においては、ホメロス、ヘシオドス、ピンダロスが、そしてわれわれのもとではウェルギリウス、オウィディウス、ホラティウスがいる。**雄弁術**においては、デモステネス、アイスキュロス、ホルテンシウス、キケロがいる。**歴史**においては、トゥキュディデス、ヘロドトス、ポリュビオス、リウィウス、コルネリウス・ネポス、タキトゥス、ユスティヌスがいる。

絵画においては、アペレス、ゼウクシス、そして他に同様の多くの者がいる。**彫刻**においては、ペイディアスとプラクシテレスがいる。**軍事術**においては、アレクサンドロス、リュシマコス、カエサル、スキピオがいる。そして異邦人については述べないことにして、ハミルカル・バルカ、ハスドルバル、ハンニバルについては省略しよう。

それゆえ、私には、アラバンダのアポロニオスの判断は称讃すべきものと思われる。彼はアテネに、修辞学を教えるために呼ばれていた。彼のもとに、この学芸に適した少年が連れてこられたときには、喜んでその少年を引き受けた。

しかし、この学芸に不向きで、能力のない少年が連れてこられたときには、別の活動に進むように勧めた。その少年を教えることによって、時間を無駄にするのを避けたのである。*76

第一の条件として、もし子どもが商売の技芸を教育されるのに適した本性を具えているなら、第二の条件を活用することが、すなわち、**商人の息子であること**がきわめて有益である。

実際、われわれが見ていることであるが、自然の種は外面的な相貌に強い痕跡を残し、息子の中に父の類似を生みだすのであるが、同様にそれは魂の中にも影響する。

76 この逸話はキケロ『弁論家について』第一巻第二八章二九に見える。

無数にある証拠について触れずにおくとしても、私自身が私の中に、たしかに父の痕跡を確認し、見いだすと言うだけで十分だろう。その痕跡は、ある仕方で私に、驚くべきほど多くの類似を刻印しており、それは実際的な性向においてだけでなく、また運命への対処法においても見られるのだ。

こうして、子どもが生まれると、早めに助け、慣らして、揺り籠から、規則と規律の基盤を教えなければならない。彼は幼少期から、商売の振る舞い、やり方、習慣、能弁な話し方、あらゆる身振りとあらゆる態度における厳粛な威厳を学びとらなければならない。

子どもが乳母から離れたのちは、**良い習慣、文法、修辞学**を教える、優れた教師に預けなければならない。

それから、彼はパンを得るための活動、すなわち**商売**を何か知るようにならなければならない。

なぜなら、運命が与える財産を失ったときに、彼は臆病になってしまうからである。ジェノヴァ人、フィレンツェ人、ヴェネツィア人は、商業においてよく教育されており、習慣としてこのように行っている。

そして、子どもが成長するとすぐに、この技芸を学ぶために、**優秀な商人につかせなければならない。**

なぜなら、多くの人々は師匠なしに師匠になろうとしているが、それは不可能なことだからである。

それに反して、われわれの間には、適切な訓練を積まずに、商売の技芸に携わっている者も多くいるが、彼らは愚鈍そのものである。

私はあなたに注意しておくが、商売は、多くの場合、師匠がいなくても身につく絵画のようなものではない。もちろん、絵画にとっても、少なくとも色を溶かすことを教える師匠を持つことが役立ちはするが[*77]。

最初の二つの条件は、前者から後者へと連続しているものであるが、次なる第三の条件、すなわち、この学問の規則の教示と不断の実践への習慣が付け加わると、完璧な商人が誕生する。

そして、もし彼が何らかの仕方で、繁栄と幸運の神に気に入られ、援助されるならば、彼は自らの目標が満たされたことを見てとるだろう。

77 ルネサンスに入ると、それまで実践的技芸（熟練的技芸）の一つであった絵画は、自由学芸の仲間入りを果たすことになる。アルベルティは理論書『絵画論』を執筆し、レオナルド・ダ・ヴィンチは「絵画は学（サイエンス）」であると述べた。絵画に対する「商売術」の優位を説くコトルリには、強烈なライバル心がうかがわれる。

14

〈家庭生活〉

家族を大切にせよ。

あなたの伴侶を美徳によって選び、
全生涯にわたって尊重せよ。

商人が経済的活動に関して、そして家と家族の管理に関して、いかなる仕方で振る舞うべきかは、公的な生活を送る企業家にとって少なからず重要な事柄である。

それゆえ、アリストテレスは、あらゆる家族の父は、**「自らの家の王である」**と呼ぶことができると述べている。

なぜなら、王が自らの領地を統治せねばならないように、家族の父は自らの家族を宰領して、世話せねばならないからである。「私的であれ、公的であれ、生を送る者は、すべての者の世話に、神々と人間たち、とりわけ妻、子どもたち、両親の世話に自らを捧げるべきである[*78]」。

何度も述べてきたように、商人は一つの仕事にだけ専心すべきではない。なぜなら、そうなれば、彼は粗野で無益な道具になってしまうからだ。

私は言っておくが、**商人は金銭を積みあげることだけに意を尽くすのではなく、**

78 偽アリストテレス『経済学』。フィレンツェの人文主義者、政府の書記官長、レオナルド・ブルーニによる翻訳から。アリストテレスについては註11を参照。

自らの家族の管理、そして資産と家屋の所有に注意を払うべきである。

なぜなら、彼は、いかなる状況が運命によって自らに降りかかりうるかを知らないからである。

それどころか、アリストテレスがヘシオドス[*79]の言葉を引用して述べているように、家屋と地所を所有することは、必要な善である。ヘシオドスによれば、家族の父にとって、家屋、妻、畑を耕すための牛を所有するのは必要なことである。

それゆえ、金銭以外のものは所有しない商人のことを、私は危険な遊び人と呼ぶことにする。なぜなら、もし彼に金銭が不足すると、彼はどこかの畑を耕しに行かねばならないからである。このことを彼の周りにいる人たちはいつも見ている。

79 前七〇〇年頃に活動。ホメロスと並ぶ、古代ギリシアの二大叙事詩人。『神統記』や『仕事と日』（労働と日々）の作者として知られる。

常に利得を求める商人は、自らの収益の一部を取り除き、それを安定したものに投資すべきである。なぜなら、あらゆる合理的人間は、自らが行う事柄はすべて、明確な目的のために行わねばならないからである。

しかし、わが商人よ、あなたの目的が、常に金銭に金銭を積みあげることだったらどうだろう。もしあなたが一千年の間生きるとして、他の目的もなしに、金銭を無限に積みあげるならばどうだろう。そのとき、私はあなたを人間ではなく、動物と、脳を欠いた野獣と見なすだろう。

あなたが金銭を積みあげることを、福音書記者は次のように述べている。「金持ちが天の王国に入るのは、駱駝(らくだ)が針の穴に入るほどに難しい[*80]」。なぜなら、あなたは、目的のない強欲によってのみ金持ちとなっているからである。

哲学者のテオプラストス[*81]は、『婚礼について』という書物を書き、その中で、女性は美しく、よく教育され、誠実な両親から生まれた者であるべきだ、と主張している。

80 『新約聖書』「マタイによる福音書」第一九章第二四節。

81 前三七三年頃〜前二八七年頃。古代ギリシャの哲学者。アリストテレスを継いで、その学校リュケイオンの学頭になった。「植物学の祖」と呼ばれる科学者であり、『植物誌』全九巻を書いた。また『性格論』（人さまざま）も後代の文学者に影響を与えた。

彼は、富裕であるべきだ、とはけっして述べていない。ところが、昨今の若者たちの大部分は、妻ではなく富裕さを求めており、彼らは妻を娶ったのちも、仲良く暮らしてはいないのである。

一般的に、一人の女性の中には三つの善が存在する。

第一は、**美徳に存する誠実さという善である。**

第二は、**有益な善、すなわち持参金、相続、富裕である。**

これを追い求めるべきではないが、しかし、他の美徳とともにあなたのもとに届くのであり、私としては、誠実さという善とともに持参金を受け取るべきではないとまで言うつもりはない。

第三は、**喜びを与える善、すなわち美である。**

それは所有している者にとっては神の贈り物である。しかし、美は時とともに過ぎゆき、すべての女性は年を取り、醜くなる。もしあなたが、その美のゆえに妻に娶るならば、美が去るときには、愛も去るだろう。こうして、最初の誠実な善に最も価値があることになる。

この美徳、すなわち、私が誠実さの善と呼んだ第一の善は、常に存続し、その人物とともに生き、けっして欠けることはない。このような善と持参金が欲されるべきである。

セネカ[82]が述べているように、「妻の誠実と忠誠、慎み、慣わしは、夫にとって好ましいものだろう。しかし、ただ一つ永続する性質は、心と精神の性質であり、それらに外見が優ることはけっしてない。いずれにせよ、過ぎゆく一日一日が、花の美しさを奪い取るのだ」。

それゆえ、注意深く、しっかり選びなさい。

82　註12を参照。セネカ『オクタウィア』五四七〜五〇行。

妻には、魂の持参金、すなわち美徳を持っている女性を迎えなさい。

この徳は、キケロが述べているように、火災があっても、難破があっても、運命によるいかなる状況になっても、けっして滅びることなく、永遠の善が一時的な善と取って代わることはないのである。

女性は思慮深く、堅固で、誠実で、忍耐強く、熱心で、温和で、穏当で、高潔で、自制的で、勤勉で、簡素で、利口で、働きもので、常に仕事に精を出していなければならない。ところが、しばしば女性に自制心を失わせる、二つの事柄が存在している。すなわち、閑暇と貧困である。

女性に最も必要とされる事柄の一つは、常にある活動に専心していることである。それゆえ、皇帝オクタウィアヌス[83]は、彼の娘たちに糸を紡ぐこと、織ること、編むこ

83　前六三年〜後一四年。古代ローマの政治家で、ローマ帝国初代の皇帝（在位前二七年〜後一四年）。カエサルの暗殺後、ローマに赴いて、ガイウス・ユリウス・カエサル・オクタウィアヌスと名乗り、その権利を主張した。前四三年にムティナの戦いで宿敵アントニウスを破り、元老院に強制してコンスル（執政官）に選ばれた。

と、縫うこと、その他の絹、金、リネンを用いる女性らしい仕事を学ばせた。

彼は、なぜそのようなことをさせるのかと尋ねられたとき、次のように答えた。たしかに、私は世界の領主であるが、いつ、私の娘たちが突然、窮地に陥るかわからないからだ。

あなたは女性に嫉妬心を起こさせ、また疑惑を引き起こさせてはならない。彼女の愛に惜しみなく応えなさい。そして、大きな自制心を持ち、夫婦の間には、言葉と行為において慎みが、会話において良き習慣と誠実が、また忠誠と節度があるように努めなさい。

夫婦が慎みをもって生活するかぎり、お互いに愛と希望によって支えあうだろう。こうして、二人はともに運命と、お互いの労苦に耐えるべきである。そうであってこそ、真の結婚となり、お互いに真の伴侶となるのだ。

実際、節度ある妻にとって、他の女性のことを考えない夫を見ることは、最大の名誉であるが、**何にもまして名誉であるのは、**

夫が妻に忠実であることである。

そして、彼女が夫から誠実に愛されていることを知れば知るほど、彼女もまた、夫に対する気持ちが高揚するだろう。

結局、賢明な人は、両親、子どもたち、妻の名誉をなおざりにすべきではない。自分のものを各々に与えることによって、彼はまさしく、聖人のような者になるのである。

15
〈資産運用〉

大地に投資せよ。

家族の管理者である商人は、ヴィッラ（**農園**[*84]）を所有しなければならず、

可能ならば、
タイプの異なる二つのヴィッラを持つべきである。

一方のヴィッラは、**家族を維持する利益と収入を得るため**のものである。それが都市から離れていても気にしなくてよい。なぜなら、そこから利益を得ることだけを考えるべきだからである。

とはいえ、この郊外にあるヴィッラは、空気が汚染され、伝染病が蔓延しているときに役に立つ。[*85] それが都市から離れていればいるほど、この役割に適したものとなる。

他方のヴィッラは、**家族の喜びと慰めのため**でなければならない。ただし、あなたはそこに頻繁に行く必要はない。なぜなら、ヴィッラに足しげく通うこと

84 ルネサンス時代の、農園・菜園つきの田舎の別荘。都市の中に住み、郊外にヴィッラを所有することは当時の理想であったが、その伝統は現在のイタリアにも続いている。

85 ルネサンス時代のイタリアの都市は城壁に囲まれており、人口が密集しているうえに、上下水道も設けられておらず、衛生環境がきわめて劣悪だった。伝染病がいったん発生すると被害がすぐに広まった。ボッカッチョの『デカメロン』（一三五三年）は、一三四八年にペストが蔓延したフィレンツェから郊外のヴィッラに逃れた人々による物語である。

は、人々を自分の活動から遠ざけることになるからである。このヴィッラは、本書が目指している目的を実現するのにも役立つが、それについては、本書の結語、最後に述べることにしよう。

第一のヴィッラは商人にとって有益である。なぜなら、農園から利益を得るが、支出は少ないからだ。第二のヴィッラは、節度をもって使用するならば、精神を再び活性化することができ、あらゆる仕事を可能にするだろう。

覚えておいてほしいのは、両方のヴィッラにおいては人を雇い、彼らに管理させるようにして、自らが経営するために赴こうと気づかう必要はないということだ。なぜなら、時が過ぎて、あなたが引退する時が来たならば、それらを手放すことになるのだから。

◇◇

あなたは人生の盛りにあり、仕事に適している時なのだから、ヴィッラにおいても、あなたの事業に専心しなさい。

大地はわれわれの母であり、それに身を捧げると、あたかもわれわれ自身から引き出したような、多くの喜びをもたらしてくれる。そして、次第に、たいていは悩ましい他の心配事を忘れさせてくれる。それゆえ、ウェルギリウス[*86]は、大地を「喜ばしき使者」と呼んだのだ。なぜなら、それは人間に喜びをもたらすからである。

そして、もしあなたの財力が、さらに多くのヴィッラを購入することを許すならば、有益で、しかし壮麗ではないヴィッラを購入しなさい。それは都市の中でも郊外でもよい。

地所は、商人の目的であり、いわば、彼の道具であり手段である。

なぜなら、資本と堅固な基盤を持たない商人は存在しえないからである。

それゆえ、あなたは郊外に地所を、しかし、節度をもって所有しなければならない。

86 註13を参照。ウェルギリウス『農耕詩』第一巻第一章。

飲酒のための葡萄畑と住居とするための家屋である。しかし、大量の葡萄酒の摂取は、商人を自らの活動からそらすなど、多くの地所にはさまざまな留意が必要である。それゆえ、プーリア人[87]は巧みにこう言っている。「汝が見るかぎりの大地、汝が飲むかぎりの葡萄畑、汝が住むかぎりの家屋」。

〈資本の多様化〉

大きな商売をする商人は、とりわけ、秩序立てて、自らの取引を考え、対処すべきである。

金銭を積み重ねるのではなく、それを確実で多様な取引に活用しなければならない。

そして、私の見解では、このことは、フィレンツェ人が常に、他の人々よりも留意しながら行っている。そこで私は、他の人々もこの慣習を持っているだろうが、フィレンツェ人一般について語ることにする。

87 イタリア南部の州。

さて、私は次のように言うことができるだろう。

「私はフィレンツェ出身の裕福な大商人です。私は、ヴェネツィアで商っている他の人々と共同で仕事をしています。私は、この商会に二〇〇〇ドゥカートを出資し、四分の一の利益を受け取ります。資本金の適切な分割については、すべての共同経営者で合意しています。

私はローマで別の商会と契約して、一〇〇〇ドゥカートを投資しました。そして、アヴィニョンで別の商会と契約して、一〇〇〇ドゥカートを投資しました。また、ある羊毛業の工場に一〇〇〇ドゥカートを、絹産業の工場に別の一〇〇〇ドゥカートを投資しました。

このように、私が得ようと欲している取り分と私の資本力に応じて投資してきました。こうして、私の金銭の管理によれば、私の名前において、私が日々、投資を決めている商品について、私の投資額は**六〇〇〇ドゥカート**となります」

◇◇

私は、確実で秩序だった仕方で、多くの取引を手がけているが、そこから利益だけを得ることができるだろう。なぜなら、一方の取引が他方の取引の助力となるからである。

もし金銭を貯めておくだけなら、それが心配の理由になるだろう。なぜなら、確実に富は増えるだろうが、いわば飛んでいるすべての鳥を捕らえたくなってしまい、多くの邪悪な債務者と取引しなくてはならなくなったり、多くの他の活動に手を出したくなったりして、破産してしまうかもしれないからだ。

しかし、私は先述のような仕方で、私の資本を分割し、各々の商会においては、その経営者たちが、商会を管理するための限度と正確な基準を定めている。これが、裕福な者に固有の、正しく、確実で、利益をあげる経営である。

ほどほどに富裕な、およそ**四〇〇〇ドゥカート**を所有している人々は、別の仕方で対処すべきである。

すなわち、彼らの資本を分割させずに、むしろ、いくつかの場合を除いては、全体を保持して、四〇〇から五〇〇ドゥカートの間の注文を出すべきである。さらに、資金を手元に回収して、しばしば再計算して、利益を得たうえで、すべての投資額が自分の手元に戻っているかどうかを確認すべきである。

私の意見では、わがラグーサ人[*88]はこのタイプの管理能力に秀でており、資金の総額の限度内で取引することができる。本論考のこの箇所で、私は冷静に彼らを称讃したい。読者の方々には、この称讃が私の祖国への愛着のせいであると考えないでいただきたい。

ラグーサ人は、銀、金、錫（すず）、銅、蝋（ろう）、セメント、皮などの売買が容易な商品を取り扱い、加えて、彼らは巧妙な才知の持ち主である。しかし、例外的に、先に示した限度を超えて資本を増やし、石の地面をならして、建造に手を染め、都市の内外にあって、庭園や葡萄畑を造営し、そして他の活動を行うことがある。彼らはこうして、彼らの建造物を美しく飾ったが、それは見るところ驚嘆すべきものである。

88 コトルリが生まれたラグーサはアドリア海の東海岸に位置し（現在はクロアチアのドゥブロヴニク）、ヨーロッパとバルカン半島を仲介する商業都市として栄えていた。

そこで私は、聖パウロとともに彼らに言おう。「私はすべてにおいて汝を誉めるが、これにおいては誉めない」[89]。とりわけ、私は、自分の家族に、普通の生活ではなく、豪奢な生活を維持する必要を感じている人々を誉めるわけにいかない。

贅沢な田舎は、すなわち都市の荒廃である。実際、きわめて頻繁に、都市国家は、田舎への富の流出によって引き起こされる崩壊を防がなかったために、敵たちによって蹂躙(じゅうりん)され、制圧されたのである。これは、本来はありうるべきことではなかったろう。

ここで話を戻して、われわれが出発した問題を放棄したと思われないように、約**二〇〇ドゥカート**という少量の金銭を所有している人々についても語ることにしよう。彼らは、上記の総額について個人的な努力を重ね、他の共同出資者とともに商会をつくるべきで、それ以上の取引に投資すべきではない。

そして、個人的に尽力して、金銭の流れを把握すべきである。なぜなら、そうしな

89 『新約聖書』「コリントの信徒への手紙一」第一一章第二二節。

ければ、所有している少額も使い果たすことになるだろうから。実際、一般的に、投資しない人々の利益は減らされて少なくなるものであり、それゆえ、彼らが少しの資本しか所有していないならば、破滅から救われることはない。

最後に、**何も所有していない人々は、何かの活動を起こすべき**であり、周囲の状況に合わせることを恥じてはならない。そうするように、ある悲劇作家は、声を大にして語っている。「状況に合わせることを知らねばならない[*90]」。

90　セネカ『メディア』第一七五場。セネカについては註11を参照

その15〈資産運用〉大地に投資せよ。

一般的に、商人の営みには、鋭敏な知性、溌剌（はつらつ）とした血、勇敢な心が必要であるが、それらも人々の内で、五〇年を超えると、通例は鎮（しず）まるものである。

もはや政治的な事柄や市民的な事柄において賢明ではなくなり、この年齢には、たしかに分別は止（や）むのであり、商売は別の人を必要としている。

それゆえ、**この商人は商売から身を引く時が来た**のであり、それは先の理由による。また、より必要な別の事柄に専心するためでもある。

多くの事業、徹夜、取引、不断の帳簿づけ、契約、海上と地上の旅、争論、労苦、世辞、計算ののちに、そして最後に、精神と身体の深い懸念と大きな疲労ののちに、彼は休息する。

彼は金銭を欲して、それを手に入れた。信用を欲して、それを手に入れた。地所を欲して、それを手に入れた。彼は財を積みあげ、事業を行い、子どもたちを育てあげ、彼らに自らの技芸を教えた。これ以上、何を欲するのであろうか。

ところで、

あなたが休息するときには、
あなたのすべての資産を分配しなければならない。

あなたの家に、もし娘たちがいるならば、彼女たちに対して分配しなさい。一方、あなたの息子たちについては、彼らにあなたの資産の一部を与え、残りは、あなたの必要のために、適当と思われるほど取っておきなさい。

あなた自身の財産をあなたの息子たちの手に委(ゆだ)ねないように気をつけなさい。あなたのヴィッラの一つを選び、町から離れたヴィッラに住みなさい。そして、あなたの妻と使用人たちとともに、あなたの必要に合致すると思われるような収入によって生活しなさい。

祈りを捧げ、けっして暇をもてあますことなく、執筆し、口述させ、読書し、手仕事を行いなさい。常に作業をしていなさい。

こうして、あなたの生活は静寂のうちに、魂と身体の平安のうちに過ぎていくだろう。

おお、幸福で、あらゆる称讃に値する人生よ。カトリックの信仰だけではなく、普遍的な美徳として、あらゆる国家と宗教において称讃される、天使的な人生、聖なる人生、哲学的な人生よ。この人生は自由という特権を享受するのであり、これ以上に好ましいものは存在しない。

そして、あなたは齢を重ねて、長生きすることができるだろう。なぜなら、商人たちの日々の心配と恐れ、不確実な出来事への期待ほど、人間を老けさせるものはないのだから。

ここで人間の生命は休息し、われわれの霊は息を吹き返す。ここで幸福に生き、静かに死ぬ。ここで、神に、世界に、自分自身に、そして他の人々に負っているものは、すべて神へと返されるのだ。

急ぎ足の人のための20の警句

ベネデット・コトルリの著書はまた、警句の汲み尽くせない源泉であり、これらの警句は、本来的には三つの異なるタイプに分類することができる。

すなわち、

ラグーサの人文主義者のペンから直接的に生みだされた警句

当時流行していた警句

古代ギリシャと古代ローマに、また聖書に由来する警句

である。

多くの警句は、それに類似したものが現代のイタリアにまで伝えられているが、その他の警句も、その鋭敏さと共感させる内容で印象深い。

これらの警句は全体として、コトルリのビジョンとその根本的な価値について、その概要をわれわれに示すものである。

1 大きな湖で大きな魚は捕れる。

2 敵とは契約を、友とは小銭を。

3 公正さとは、各々に自らのものを帰することである。

4 商売は助言を欲しない。

5 弟子であることを学ばなかった者は教師にはなれない。

6 貪欲にすべてを欲する者は死ぬ。

7 滴が二度落ちたからといって石を穿つわけではない、
何度も落ちなければ無理である。

8 商品を保管して悔いるよりも、売買して悔いるほうがよい。

9 保険金を払って滅びた者はいないが、
巨大な富を危険にさらして滅びた者はいる。

10 汝の帳簿が膨らまないように、また、汝が貧しくならないように気をつけよ。

11 思慮深さが誠実さの基礎である。

12 領主たちの務めは富を与えること、商人たちの務めは富を集めること。

13 真の商人ほどに万能な者はいない。

14 貴顕(きけん)たちも支配者たちも、財政管理に関わる仕事を理解してこなかったし、今も理解していない。

15 自分自身を知る者はすべてを知る。

16 沈黙することは誰にも害をもたらさないが、何度も話すことは多くの者に害をもたらす。

17 礼儀を弁(わきま)えない者は、それを周囲からは得ようと必死になる。

18 衣服は支配すべき対象であり、衣服によって支配されてはならない。

19 見ているかぎりでそれは大地であり、飲んでいるかぎりでそれは葡萄酒であり、住んでいるかぎりでそれは家である。

20 暇があるならば、本を読みなさい。

ベネデット・コトルリとその生涯

一五世紀前半のラグーサ

ベネデット・コトルリ（Benedetto Cotrugli）は一五世紀の初めに、アドリア海の東海岸、ダルマチア地方最南部の町ラグーサに生まれた。現在はクロアチアのドゥブロヴニクと呼ばれ、「アドリア海の真珠」として旧市街が世界遺産に登録されている。かつてはヨーロッパとバルカン半島を仲介する商業都市として栄えていた。

ラグーサはバルカン半島に位置するという地域的特性ゆえに、中世以来、さまざまな勢力の支配を経験してきた。古くはビザンツ領であったが、一二〇四年以降はヴェネツィアが統治していた。コトルリが生きた時代は、ラグーサがヴェネツィアの支配を脱して、商業都市として独自の発展を開始した時期に当たる。

ラグーサの政治体制は一三三二年になって定まったが、元老院、大評議会、小評議会から成り、元老院が最も有力で、最終的な決定権を握っていた。元老院のメンバーは有力な数十の商人一族が占めており、世襲による排他的な構造になっていた。そしてコトルリ家は、この有力商人層の一員として知られていた。

ラグーサの通商圏は地中海全域をカバーしていたが、主要な相手はイタリアの諸都市であった。バルカン内陸部で生産される金、銀、銅、鉛などの鉱産物は、ラグーサ商人によって、イタリア各地にもたらされ、反対に羊毛、毛織物、絹織物がこのラグーサを通ってバルカン内陸部へと送られた。

ラグーサが密接な関係を持っていたのは、かつての支配都市だったヴェネツィアをはじめとして、ミラノ、ジェノヴァ、アンコーナ、フィレンツェなどであった。とくにフィレンツェ商人は、一四世紀の初頭からラグーサに支店を置いてバルカン半島の各地と通商を行っていた。また、地理的に近い南イタリアとは、昔から商業的な関係が存在していたが、一四四二年にナポリ王位に就いたアルフォンソ五世がラグーサ商人に優遇措置を講じたため、その関係はいっそう強まることになった。

コトルリの家系

コトルリの一族にはユダヤ、セルビア、クロアチアの血が混じっていた。彼の三世代前、曾祖父ズィーヴォ（ヨハンネス）・コトルリのときに、一族はラグーサのライバルの海岸町コトル（イタリア名カタロ、現在はモンテネグロ領）からこの都市に移ってきた。

ズィーヴォの息子のルスコは父の跡を継いで商売を営み、サンタントニオ・グランデ商業同心会に属していた。同心会とは、イタリアの諸都市に見られた、職業別の互助会というべき組織で、会員たちの結束は固かった。ルスコは自分の権利を、ニコラ、ジョヴァンニ、ジャーコモに譲った。ジャーコモはまた、同心会における父の地位も引き継いだ。

ジャーコモは、ナポリ王国を筆頭に広範な商売を展開する一方で、ハンガリー王ジギスムント、ナポリ女王ジョヴァンナのもとに外交使節として派遣されている。彼は同心会の会員の娘、クロアチア人ニコレッタ・イリックと結婚した。彼らの間には八人の子が生まれ、三番目の息子はバンコ、イタリア語風にはベネデットと名づけられた。生年は一四一五年、あるいは一四一六年と推測されている。

ベネデットは少年時代から聡明で、父の仕事を継ぐべく、将来を嘱望されていたようである。そして、兄弟の中で彼だけが、一四三〇年頃、ヨーロッパで最も古く、イタリアで最も有名だったボローニャ大学に送られ、法学と哲学を学んだ。このときに培った教養と学識が、『商売術の書（Libro de l'arte de la mercatura）』にいかんなく発揮されている。

事業の開始

一四三四年に、数年前からナポリで暮らし、そこでラグーサ領事と造幣局長を務めていた父が倒れる。彼は父を助けるために同年、ナポリを訪ねるが、二年後に父は死亡し、ベネデットは一族の活動を取り仕切るために、ラグーサに戻ることになった。学業を中断せざるえなかった悔しさは、『商売術の書』の「序文」によく表されている。「私は、まさにわが哲学研究の最高潮のときに、研究から引き離され、商人になるように定められた」（22ページ）。

ベネデットはラグーサに到着するやいなや、弟のミケーレ、伯父のイヴァン、そしてサンタントニオ・グランデ同心会に属する二人の商人、ニコラとシジスモンドのデュルデュヴィク兄弟に協力を仰いだ。そして、父の跡をしっかり継いで事業を展開していった。それから一五年以上、彼は精神と身体を駆使して休みなく商売を続け、常に多忙に過ごした。しばしば、自らの商品を船に積み、ヴェネツィアの船団とともに地中海を航海した。その旺盛な商人、企業家としての経験から得た豊かな知恵は、『商売術の書』の随所に見てとることができる。

一四四四年、ベネデットは、父と同様に、サンタントニオ・グランデ同心会に属していた一族の女性、ニコレータ・ドブリック＝ボズィク、あるいはニコレッタ・ナターレ・ボンデナーリョと結婚する（史料によって名前が異なる）。そして、結婚後、ベネデットのビジネスの主たる目的地はフィレンツェに変わるが、それは、おそらく彼自身が望んだことだったであろう。

文化都市フィレンツェ

ベネデットは一四四五年から四八年の間、フィレンツェの商人、フランチェスコ・ネローネとさまざまな取引を行い、ネローネは彼に織物のための染料を売っている。

当時のフィレンツェは、メディチ商会をはじめとして貿易業と金融業が栄え、彼らのマーケットは全ヨーロッパばかりかコンスタンティノープルやダマスクスまで及んでいた。しかし、こうした商業活動にもまして、ベネデットに深い影響を与えたのはフィレンツェの人文主義文化である。

ルネサンスの人文主義者とは、「フマニタス（人間性）研究」と呼ばれる諸学問、すなわち文法・修辞学・歴史学・詩学・道徳学を研究し、教示する人々を指していた。そして、彼らの実践は、とくにギリシャ・ローマの古典の読解と註釈を通じて行われた。そして、こうした営みを通して彼らは、人間の本性を探求し、人間の社会の在り方を模索し、理想的な国家を思い描いた。

一般に人文主義者は文学者か哲学者であったが、当時のフィレンツェでは事情が異なっていた。その中心にいたのは、市の書記官長、レオナルド・ブルーニである。彼は激職をこなす中で、プラトンやアリストテレスの著作を翻訳した。彼はフマニタス研究の必要性を説きながら、市民生活における実際的活動と、書斎における学問的活動の調和を理想とした。

フィレンツェに特有な「市民的人文主義」においては、市民の幅広い公的活動が称讃され、正当な仕方で得られた財産が積極的に肯定されている。このような考えに、おそらくコトルリも諸手をあげて賛同したに違いない。自由学芸と実践的技芸の調和こそ、コトルリが描く商人の理想像であり、『商売術の書』に見いだされる、アリストテレスやキケロをはじめとする多くの古典作家からの引用は、このことを立証している。

ナポリの宮廷

ラグーサを拠点として旺盛な商業活動を行っていたコトルリが、一四五〇年にナポリに移住した理由はわかっていない。ある学者は、父と同様に、ナポリの文化的で知的な魅力が彼を惹きつけたのであろうと推測している。いずれにせよ、コトルリは周到に準備して、同年に会社と財産を弟のミケーレとの間で分割し、自分の息子たちはミケーレの下に預けた。彼は一四五一年の初頭に、ナポリの近く、ヴェスヴィオ山の麓に身を落ち着けた。

　当時のナポリは、アラゴン朝のアルフォンソ五世が王位に就いていたが（在位一四四二

〜五八年）、彼自身がキケロやセネカなどの古典作家に親しむ文化人であった。宮廷に図書館を設けて古典作品を蒐集し、人文主義者のパトロンとして多くの文学者や芸術家を庇護した。コトルリも、これらの人物と親しく交流したことであろうし、『商売術の書』を執筆するというアイデアは、この雰囲気の中で彼に生まれたのかもしれない。

彼は次第にナポリ王から信頼を得るようになり、王から裁判所での要職を与えられた。その次の王フェルディナンド一世（フェランテ王、在位一四五八〜九四年）のもとでは、財務総監と造幣局長を歴任する。『商売術の書』は、その最後の一節から判断すると、フェルディナンド一世がナポリに蔓延しているペストを避けて移り住んだ、カステル・セルピコ（現在のソルボ・セルピコ）の地において、一四五八年八月二五日に書き上げられた。

『商売術の書』――構成と内容

『商売術の書』はラグーサの商人で、コトルリの義弟のフランチェスコ・ディ・ステーファノに捧げられ、全四巻から成っている。当時の学問的論考はラテン語で書かれるのが常であったが、本書は俗語（イタリア語）で書かれている。その理由をコトルリは、商人たちが実際に読むことを願ってのゆえである、と説明している。

コトルリと同時代に俗語で執筆された論考には、フィレンツェの人文主義者レオン・バッティスタ・アルベルティの『家族論』（一四四一年）があり、コトルリ自身が参照した可能性が高い。

実際、『家族論』の内容は、『商売術の書』第四巻に対応している。『商売術の書』の内容は以下のようになっている。

第一巻は**「商売の起源と原理について」**と題されている。商売の起源（第一章）と定義（第二章）に続いて、商人に必要とされる資質（第三章）、商売に適した諸条件（第四章）のあと、具体的な商売の手段として、両替（第五章）、現金取引（第六章）、掛売り（第七章）について述べられる。続いて、債権の集金（第八章）、負債の支払い（第九章）、商売のシステム（第一〇章）、為替（第一一章）、預金と担保（第一二章）について述べられる。

第一三章は、有名な複式簿記に関する記述を含んでいる。ここでコトルリは明確に

「貸方」と「借方」との二重の記入について説明しており、商人がつけるべき日記帳、仕訳帳、元帳について語っている。続いて、海上保険（第一四章）に言及し、いくつかの商品――宝石（第一五章）、服地と小間物（第一六章）、羊毛（第一七章）――について、また商人にとって禁じられている事柄――賭博、酩酊、錬金術、密輸――（第一八章）について述べ、最後に、商人が定期的に債務をなくす必要性が説かれている（第一九章）。

第二巻は**「商人の負わねばならぬ宗教的義務」**と題されている。ミサ（第一章）、祈り（第二章）、慈善（第三章）、良心（第四章）が取り上げられ、最後の章においては、利子について、許される場合と許されぬ場合について説明されている。中世の教会は利子を原則的に禁じていたために、この問題はキリスト教社会に属する商人にとってゆゆしき問題だった。コトルリは具体的なケースを挙げて、詳しく解説している。

第三巻は**「商人の市民生活について」**と題されている。コトルリによれば、商人は名誉と威厳を具え（第一章）、知慮深く（第二章）、科学的・文学的教養を持ち（第三章）、限界を弁（わきま）えつつ自分自身を信頼し（第四章）、幸運・不運について納得していなければならない（第五章）。

続いて、商人に必要な徳目が挙げられる。すなわち、誠実さ（第六章）、勤勉さと配慮（第七章）、沈着さと迅速さ（第八章）、策略を見抜く能力（第九章）、良いマナー（第一〇章）、公平さ（第一一章）、堅固さ（第一二章）、威厳の表示（第一三章）、寛容さ（第一四章）、心の平静（一五章）、そして謙遜（第一六章）である。これらの徳は、商人の公的な生活に影響するだけでなく、商人自身の性格の涵養（かんよう）に寄与する（第一七章）。そして、商人にとって最も大切な徳は、節度と自制である（第一八章）。

第四巻は**「商人の商売上の徳について」**と題されている。しかし、実際の内容は商人とその家族の生活に関わることが中心である。最初に、家屋の立地について（第一章）、田舎の別荘の有用性について（第二章）述べられる。コトルリによれば、商人は家族全体を管理せねばならず（第三章）、衣服や家具にも配慮せねばならない（第四・五章）。続いて、妻の選択と妻への対処について（第六章）、子どもの養育について（第七章）、使用人の扱い方について（第八章）、所有地の管理について（第九章）語られている。

家族についてのコトルリの態度はきわめて保守的であり、商売と商人についての進取の気性に富む見解とは対照的である。最後にコトルリは、商人の引退の時期とそれの備え方について説き、『商売術の書』は閉じられる（第一〇章）。

多くの人に忘れ去られていた『商売術の書』

序文でも簡単に触れたが、一四五八年八月に書き上げられた本書は、近年まで長らく忘れ去られた存在であった。『商売術の書』は手稿のままに残され、それが日の目を見るのは、執筆から一世紀以上たった一五七三年であり、ヴェネツィアで『商売と完全なる商人について（Della mercantura et del mercante perfetto）』と題されて刊行された。

そののち、一六二〇年に北イタリアのブレッシャで再版され、またそのフランス語訳は一五八二年にリヨンで刊行されている。ヴェネツィア版を編集したのは、哲学者フランチェスコ・パトリッツィであったが、序文において、原本とした手稿は数知れぬ誤りに満ちているので、多くの箇所を訂正したと断っている。こうして、本来のテクストは知られぬままに（現在もコトルリの直筆本は発見されていない）、『商売術の書』はごく一部の会計史家を除いて興味を惹くことなく、コトルリの名前も忘れ去られていった。

『商売術の書』の再発見

会計史の研究者が関心を抱いたのは、『商売術の書』第一巻一三章に、複式簿記の記帳をうかがわせる箇所が見いだされるからである。

帳簿に取引上の事項を「借方」と「貸方」として二重に記入する方法は、一三世紀始めに北イタリアで誕生したらしい。しかし、それが体系的に記述されたのは、一四九四年にヴェネツィアで刊行された、ルカ・パチョーリの『算術、幾何、比および比例総覧』（略して『スンマ』＝『総覧』）においてである。もし、コトルリが本当に複式記帳について記しているならば、パチョーリより三六年前のことになる。

この疑問は二〇世紀後半に、フィレンツェの二つの図書館で発見された、『商売術の書』の写本によって解決された。すなわち、当該の箇所にこう書かれているのである。「元帳に記される事項は、すべて二度記されねばならない。一方は、返済すべきものを借方として、他方は、受け取るべきものを貸方として記されねばならない」。

じつは、この決定的な箇所が、上述のパトリッツィ編集のヴェネツィア版ではすべて削除されていたのである。このことを明らかにしたのは、一九九〇年に現れた、ウーゴ・トッツィによる『商売術の書』の新版である。その後も、重要な付加部分を含んでいる写本が、マルタ島の国立図書館から発見され、それを参照した新しいデジタル版が公開されている（二〇一六年）。また、最近の研究では、ルカ・パチョーリ自身がコトルリの『商売術の書』を読んでいた可能性が示唆されている。

晩年と著作

コトルリは一四六八年までナポリの造幣局長を務め、その後、イタリア中南部のアブルッツォ地方のラクイラに転居して、一四六九年に、ほぼ五四歳で亡くなった。息子のヤコポが彼の跡を継ぎ、一族の商業活動を継続した。娘のカテリーナはラクイラで結婚し、別の娘のエレオノーラはナポリの聖ジロラモ修道院に入って尼僧になった。下の息子のジロラモはラグーサに留まった。

コトルリの著作は、『商売術の書』の他に、『航海について』が三つの写本によって伝えられている。それに加えて、『花々の本性について』と『妻について』という書名が知られているが、写本は見いだされていない。

『商売術の書』のテクストと参考文献

本訳書『世界初のビジネス書――15世紀イタリア商人ベネデット・コトルリ15の黄金則』は、コトルリの『商売術の書』全四巻を、経済ジャーナリストのアレッサンドロ・ヴァグナーが編集し直した、ベネデット・コトルリ『名誉とともに富むこと――善き企業家の礼讃（Arricchirsi con onore: Elogio del buon imprenditore）』（リッツォーリ社、二〇一八年）に拠っている。分量的には原著のほぼ三分の一に当たり、大胆な整理や要約も行われている。

なお、『商売術の書』の最新版のテクストは、ヴェネツィアのカ・ドーロ大学からデジタル出版されており、簡単にPDFで入手することができる（二〇二一年五月現在）。

Benedetto Cotrugli, *Libro del' arte della mercatura*, a cura di Vera Ribaudo, Edizioni Ca' Foscari, 2016.（https://iris.unive.it/retrieve/handle/10278/3679115/81958/Edizione%20finale%20Cotrugli%20ECF.pdf.）

また、これにもとづく優れた英訳が刊行されている。

Benedetto Cotrugli, *The Book of the Art of Trade*, Edited by Carlo Carraro and Giovanni Favero, Cham, Switzerland: Palgrave Macmillan, 2017.

最後に、コトルリ、および「もの書き商人」について、大黒俊二氏（大阪市立大学名誉教授）による三つの研究を紹介しておきたい。いずれも図書館等で参看できるものである。

『嘘と貪欲――西欧中世の商業・商人観』、名古屋大学出版会、二〇〇六年。

「『商売の手引』、あるいは中世ルネサンス商人の「実務百科」」、中村賢二郎編『都市の社会史』、ミネルヴァ書房、一九八三年に所収。

「『完全なる商人』、あるいはルネサンス商人の「百科全書」」、中村賢二郎編『歴史の中の都市――続・都市の社会史』、ミネルヴァ書房、一九八六年に所収。

ベネデット・コトルリ著

Benedetto Cotrugli

ラグーサ共和国（現在のクロアチア、ドゥブロヴニク）生まれ。15世紀イタリアで活躍した商人。海洋都市ラグーサの名門商人一族の三男に生まれ、ボローニャ大学で学ぶ。在学中、父の病変で退学し、家業を継いで商人となる。主にヴェネツィアやナポリ、フィレンツェなどで毛織物関連の商取引を行う。アラゴン王アルフォンソ5世、フェルディナンド1世に仕え、ナポリで領事、その後、造幣局長などを務める。晩年は書物を執筆。それまでの商人の覚書や手引とは一線を画し、商人の実務一般、道徳、教育、家政などを記した、世界初のビジネス書『商売術の書』を著す。100年以上後に、多くの改竄が加えられて刊行されたが、近年、よりオリジナルに近い写本が発見され、再び注目を集める。その他の著書『航海について』が三つの写本によって伝えられているが、『花々の本性について』と『妻について』については、写本が見つかっていない。

アレッサンドロ・ヴァグナー編

Alessandro Wagner

イタリアの経済ジャーナリスト。研究者。イタリアの多くの日刊紙や雑誌に執筆している。著書に、イタリア国家の巨大な財政赤字について論じた、『10億の200万倍―国家債務の、信じがたい、しかし真実の物語』（Due milioni di miliard. L'incrediblile ma vera storia del debito dello stato, Mondadori, 1993）、メディア王の首相シルヴィオ・ベルルスコーニによるテレビ界の支配と、彼が議会に提出したメディアの寡占規制を緩和する内容のガスパリ法について批判した、『大いなる略奪〈エウローパ・セッテ〉と〈レーテ・クワットロ〉―最近のテレビ界の信じがたい出来事とガスパリ法の影響』（Il grande scippo. Europa 7 e Rete 4. L'incredibile vicenda delle frequenze televisive e gli effetti della legge Gasparri, Riuniti, 2003）などがある。

伊藤博明 訳（いとう・ひろあき）

北海道美幌町出身。1984～86年、イタリア政府給費留学生として、フィレンツェ大学に留学。1986年、北海道大学大学院文学研究科博士後期課程修了。埼玉大学教授、副学長を経て、現在、専修大学教授、同大学院文学研究科長。埼玉大学名誉教授、日本学術会議連携会員。15世紀フィレンツェのプラトン主義をめぐる諸問題およびバロック期におけるテクストとイメージの関連に係わる諸問題を研究対象とする。また、翻訳を通じて、近代ヨーロッパの文化を紹介している。著書に『神々の再生―ルネサンスの神秘思想』（東京書籍）〈改題『ルネサンスの神秘思想』（講談社学術文庫）〉、『綺想の表象学―エンブレムへの招待』（ありな書房）、『象徴と寓意―見えないもののメッセージ』〈ART GALLERY テーマで見る世界の名画第10巻〉（集英社）、責任編集に『哲学の歴史4　ルネサンス』（中央公論新社）、訳書に、ピコ・デッラ・ミランドラ『人間の尊厳について』［共訳］（国文社）、チェーザレ・リーパ『イコノロジーア』［単訳］、アビ・ヴァールブルク『ヴァールブルク著作集1～6』［共訳］（ありな書房）、他多数。

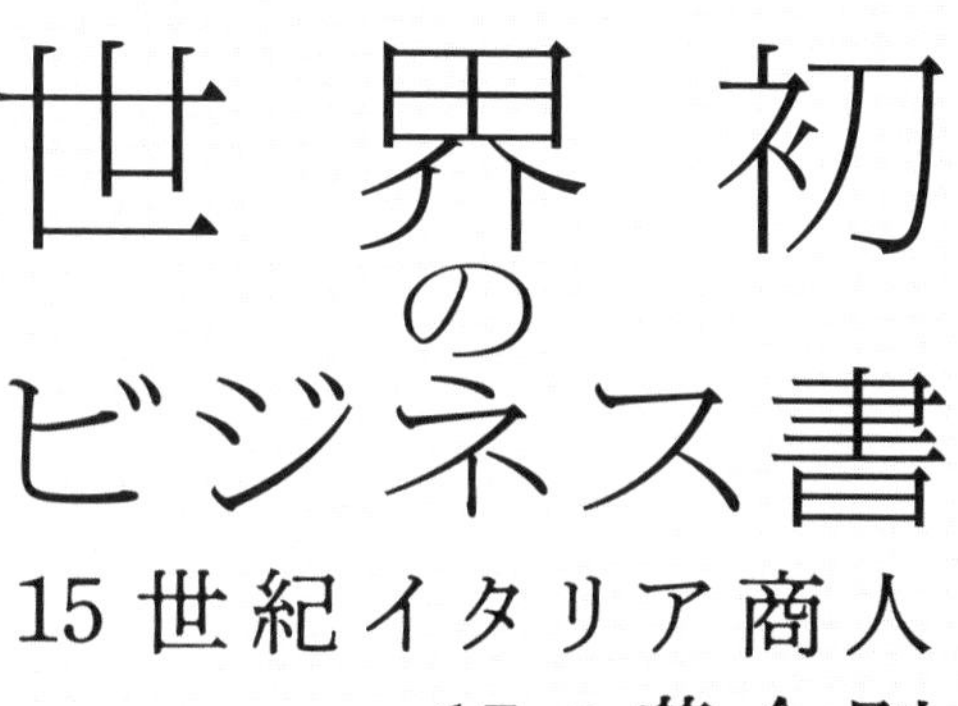

世界初のビジネス書
15世紀イタリア商人 ベネデット・コトルリ 15の黄金則

2021年7月21日　第1刷発行
2021年7月29日　第2刷発行

編　集　アレッサンドロ・ヴァグナー
翻　訳　伊藤 博明
装　丁　吉岡 秀典
本文地図　有限会社クリィーク
発行者　徳留 慶太郎
発行所　株式会社すばる舎
〒170-0013 東京都豊島区東池袋 3-9-7 東池袋織本ビル
TEL 03-3981-8651（代表）　03-3981-0767（営業部）
FAX03-3981-8638　URL https://www.subarusya.jp/
印　刷　株式会社光邦

落丁・乱丁本はお取り替えいたします

ISBN978-4-7991-0963-2